8o
F
9593

AF234078

AIDE-MÉMOIRE

DU

RÉSERVISTE

ET DU

TERRITORIAL

Résumé des dispositions réglementaires les plus récentes
concernant les diverses situations et les appels des hommes appartenant
à toutes les catégories de réserves (armées de terre et de mer)

SUIVI D'UNE

NOTICE SUR L'ORGANISATION DU SERVICE VÉLOCIPÉDIQUE

DANS L'ARMÉE

Par UN OFFICIER D'ADMINISTRATION

DES BUREAUX DE L'INTENDANCE MILITAIRE

PARIS

LIBRAIRIE MILITAIRE DE L. BAUDOIN

IMPRIMEUR-ÉDITEUR

30, Rue et Passage Dauphine, 30

—

1897

Tous droits réservés.

A LA MÊME LIBRAIRIE

Instruction du 28 décembre 1895 sur l'**administration des hommes des différentes catégories de réserve** dans leurs foyers. **Troupe.** Paris, 1896, 1 vol. in-8............. **2 fr. 50**

Instruction ministérielle du 18 mars 1896 concernant certaines dispositions spéciales aux **militaires de la réserve** et de l'**armée territoriale** convoqués en temps de paix. Paris, 1896, broch. in-8.................................... **50 c.**

Règlement ministériel du 23 mars 1894 sur **le recrutement, la répartition, l'instruction, l'administration et l'inspection** des officiers de réserve et des officiers de l'armée territoriale, suivi du décret du 23 mars 1894 portant règlement sur l'avancement, du *Programme* des connaissances exigées et des circulaires des 11 avril et 25 juillet 1894. Édition mise à jour. Paris, 1895, broch. in-8.................................... **50 c.**

Règlement du 5 avril 1895 sur l'organisation et l'emploi du **service vélocipédique dans l'armée**, suivi d'une annexe à ce Règlement. Paris, 1895, in-8 avec planche en couleurs......... **50 c.**

Instruction ministérielle du 29 avril 1892 sur l'organisation et le fonctionnement des **sociétés de tir et de gymnastique** (Extr. *Journal militaire*, 1er sem. 1892, n° 17). Paris, 1892, broch. in-8.................................... **50 c.**

Recueil des dispositions relatives aux conseils d'enquête des officiers (armée active, réserve et territoriale) **et des sous-officiers.** Edition mise à jour jusqu'au 1er avril 1892. Paris, 1892, broch. in-8.................................... **60 c.**

Aide-mémoire des officiers des corps de troupe et du service du recrutement **pour les inscriptions à faire sur les registres matricules et les livrets**, d'après les documents officiels; par **L. Gueudet**, capitaine au recrutement de Châlons-sur-Marne. Paris, 1896, 1 vol. in-8..................... **2 fr. 50**

Manuel du soldat d'infanterie. Nouvelle édition, entièrement revue, augmentée et mise en harmonie avec les nouveaux règlements. Paris, 1897, 1 vol. in-18 cartonné................... **75 c.**

Nouvel aide-mémoire de l'officier d'infanterie en campagne; par **F. Gardin**, capitaine au 51e régiment d'infanterie. 2e édition, revue et complétée. Paris, 1895, 1 vol. in-12 avec tableaux et figures, relié toile........................ **2 fr. 50**

Paris. — Imprimerie L. BAUDOIN, 2, rue Christine.

AIDE-MÉMOIRE

DU

RÉSERVISTE ET DU TERRITORIAL

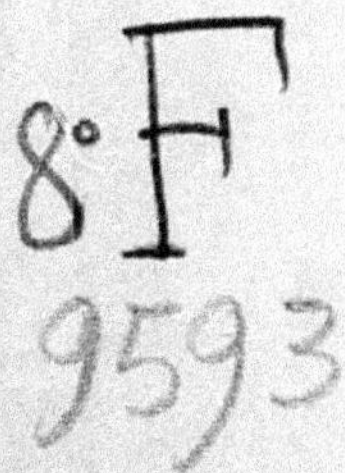

8° F
9593

PARIS. — IMPRIMERIE L. BAUDOIN, 2, RUE CHRISTINE.

AIDE-MÉMOIRE

DU

RÉSERVISTE

ET DU

TERRITORIAL

Résumé des dispositions réglementaires les plus récentes
concernant les diverses situations et les appels des hommes appartenant
à toutes les catégories de réserves (armées de terre et de mer)

SUIVI D'UNE

NOTICE SUR L'ORGANISATION DU SERVICE VÉLOCIPÉDIQUE

DANS L'ARMÉE

Par UN OFFICIER D'ADMINISTRATION

DES BUREAUX DE L'INTENDANCE MILITAIRE

PARIS

LIBRAIRIE MILITAIRE DE L. BAUDOIN

IMPRIMEUR-ÉDITEUR

30, Rue et Passage Dauphine, 30

—

1897

Tous droits réservés.

AVERTISSEMENT

Les dispositions réglementaires concernant la situation, l'administration et les appels des hommes de troupe appartenant aux différentes catégories de réserve ont été récemment refondues dans une Instruction ministérielle en date du 28 décembre 1895, d'un format imposant, et qui, vu la nature et la complexité des questions qu'elle traite, ne saurait être mise entre les mains de tous.

Nous avons cru faire œuvre utile en réunissant dans un petit nombre de pages les règles essentielles que les hommes astreints au service dans les réserves ont intérêt à connaître, pour être fixés sur la nature et l'étendue de leurs obligations et s'acquitter convenablement de leurs devoirs militaires.

Ce travail, son titre l'indique, s'adresse avant tout aux réservistes et aux territoriaux; on ne sera donc pas surpris de n'y point trouver le détail des prescriptions administratives dont la connaissance importe exclusivement aux autorités militaires. Nous n'avons pas eu pour but de reproduire les règlements, mais d'en résumer le plus clairement possible les dispositions objectives, c'est-à-dire celles qui concernent personnellement les hommes des réserves.

De nombreux titres et sous-titres et une *table alphabétique développée* permettront aux intéressés de trouver presque instantanément les renseignements dont ils pourront avoir besoin. Enfin, à l'intention des personnes qui seraient embarrassées, le cas échéant, pour formuler par écrit une demande de *dispense*, d'*ajournement*, de *devancement d'appel*, de *changement de destination*, nous avons placé aux Annexes plusieurs modèles de ces demandes ; il sera loisible à chacun de les modifier en les adaptant à sa situation particulière.

AIDE-MÉMOIRE

DU

RÉSERVISTE ET DU TERRITORIAL

§ 1er.

NOTIONS GÉNÉRALES SUR LES RÉSERVES.

Catégories de réserve.

Les catégories de réserve prévues par la loi sont : la *disponibilité* ; la *réserve de l'armée active* ; l'*armée territoriale* ; la *réserve de l'armée territoriale*.

La *disponibilité* comprend : les hommes envoyés en congé dans leurs foyers, par anticipation, en attendant leur passage dans la réserve, comme aînés d'orphelins, fils de veuve, soutiens de famille, dispensés universitaires, élèves ecclésiastiques, élèves des différentes écoles, jeunes gens exerçant des industries d'art, etc.; les hommes classés dans les services auxiliaires pendant leurs trois premières années de service ; les hommes de la 2e portion du contingent ; les hommes de la classe à libérer le 1er novembre de l'année courante, renvoyés en congé après les grandes manœuvres ; les jeunes gens dont l'appel à l'activité a été suspendu sur leur demande, jusqu'à l'expiration du temps de service d'un frère sous les drapeaux.

Durée du service dans les réserves.

La *réserve de l'armée active* comprend, pendant dix ans, les hommes qui ont accompli trois ans de service sous les drapeaux, dans la disponibilité ou dans les services auxiliaires.

L'*armée territoriale* comprend, pendant six ans : les hommes qui ont passé dix ans dans la réserve de l'armée active ; les réservistes qui deviennent pères de quatre enfants vivants.

La *réserve de l'armée territoriale* comprend pendant six ans les hommes qui ont passé six ans dans l'armée territoriale.

Durée du service dans les diverses catégories : armée active ou disponibilité, 3 ans ; réserve, 10 ans ; armée territoriale, 6 ans ; réserve de l'armée territoriale, 6 ans ; total, 25 ans.

Après six ans de service dans la réserve de l'armée territoriale, les hommes sont libérés du service militaire. Le titre de libération définitive est constitué par le *livret individuel*.

Corps d'affectation.

Tout homme faisant partie de la disponibilité, de la réserve de l'armée active, de l'armée territoriale ou de sa réserve est en principe affecté à un corps de troupes actif, de réserve ou territorial, qui est dit « corps d'affectation » de l'homme.

Administration des réserves.

Tout homme lié au service à un titre quelconque doit être immatriculé dans un bureau de recrutement.

La base de l'administration des réserves est : 1º le document souche appelé registre matricule, établi dans chaque subdivision par le commandant de recrutement ; 2º le contrôle nominatif par commune dont sont détenteurs les chefs de brigade de gendarmerie.

Classes de recrutement et de mobilisation.

Les hommes peuvent appartenir à deux classes différentes, selon la manière dont on envisage leur situation sous le rapport du recrutement.

La *classe de recrutement* est celle à laquelle tout homme appartient par le tirage au sort ; la *classe de mobilisation* est celle avec laquelle il doit marcher d'après les années de service qu'il a accomplies. La première est invariable ; la seconde est susceptible de varier pendant toute la durée du service. Tout réserviste a le plus grand intérêt à bien connaître sa *classe de mobilisation*, car c'est avec elle qu'il doit marcher en cas de mobilisation, de manœuvres ou de rappel de classes par décret.

Pour connaître la classe de mobilisation d'un homme, quels que soient le titre qui le lie à l'armée et la date de son entrée au service, il suffit de diminuer d'une unité le millésime de l'année pendant laquelle il a été incorporé.

Exemple : un homme né en 1870 appartient à la classe de recrutement de 1890. S'il est entré au service en 1891 avec les jeunes soldats de sa classe, c'est également la classe de 1890 qui est sa classe de mobilisation ; s'il a été incorporé *en 1889* comme engagé volontaire, il marchera en cas de mobilisation avec la *classe 1888*.

1.

Réservistes pères de quatre enfants vivants.

Les réservistes pères de quatre enfants vivants passent par anticipation dans l'armée territoriale et changent définitivement de classe de mobilisation ; ils sont inscrits dans la plus jeune classe de l'armée territoriale et ils en suivent le sort jusqu'à l'époque où elle est libérée du service; à ce moment, ils doivent encore achever dans la réserve de l'armée territoriale les vingt-cinq années de service que la loi leur impose.

Pour qu'un réserviste puisse bénéficier de ces dispositions, il doit justifier être le père de 4 enfants vivants. Les enfants reconnus comptent au même titre que les enfants légitimes ou légitimés.

§ 2.

LIVRETS ET FASCICULES.

Livret individuel.

Tout jeune soldat ou engagé volontaire est mis en possession d'un *livret individuel* d'homme de troupe.

Ce livret doit être conservé avec le plus grand soin.

Il est expressément recommandé aux hommes de garder leur livret, même après avoir accompli le temps de service légal, afin de pouvoir, le cas échéant, justifier au moyen de cette pièce de leur *libération définitive*.

L'homme qui perd son livret étant dans ses foyers doit en faire immédiatement la déclaration au commandant de la gendarmerie. Le commandant de recrutement lui en délivre alors un autre dont la couverture porte, écrite en grosses lettres, la mention *Duplicata*.

Le livret individuel doit être représenté par le détenteur à toute réquisition des autorités militaires, judiciaires ou civiles.

Fascicules.

Lorsqu'un homme quitte le service actif pour passer dans la disponibilité ou la réserve, son livret est complété par l'adjonction d'un *fascicule* comprenant : 4 formules d'*ordre de route*; 4 formules de *récépissé de livret*. Ce fascicule contient en outre des instructions imprimées que le détenteur devra lire avec la plus grande attention.

Un fascicule d'un modèle particulier est établi pour les hommes classés dans les services auxiliaires.

Ordre de route pour le cas de mobilisation.

L'*ordre de route* est le titre qui sert à l'homme pour rejoindre, *en cas de mobilisation*, sa première destination. Il lui indique notamment cette destination, ainsi que le jour de la mobilisation et l'heure auxquels il doit s'y présenter. Il lui prescrit de se mettre en route sans attendre aucune notification officielle, en cas de mobilisation de sa classe, portée à la connaissance des populations par affiches ou publications sur la voie publique.

L'ordre de route ne doit jamais être ni gratté, ni surchargé, ni raturé. En cas de modification, l'ancien ordre est annulé et remplacé par un nouveau. A cet effet, le commandant de recrutement fait réclamer en communication le livret de l'homme.

Récépissé de livret.

Lorsqu'il devient nécessaire de retirer momentanément à un homme dans ses foyers son livret individuel, il lui est délivré, à la place, une pièce extraite
du fascicule et appelée *récépissé*. Cette pièce *tient la
place du livret* et servirait, s'il en était besoin, d'ordre
de route pour le cas de mobilisation. Lorsque l'homme
rentre en possession de son livret, il rend le récépissé
à la gendarmerie qui le renvoie au commandant de
recrutement, chargé de le détruire.

Feuille spéciale aux appels du temps de paix.

Le fascicule annexé au livret comprenait jusqu'ici,
outre les formules d'ordre de route et de récépissé de
livret, 4 formules de *feuille spéciale aux appels*
employées pour les convocations par voie d'affiches.

Les convocations par voie d'affiches étant désormais
supprimées en temps de paix, la feuille spéciale ne sera
plus établie, comme faisant double emploi avec
l'*ordre individuel* qui doit être adressé à tout réserviste ou territorial convoqué. Transitoirement, les formules qui existent dans les livrets pourront être utilisées pour servir au renvoi des hommes dans leurs
foyers.

Remise du livret.

Tout livret individuel muni du fascicule est remis
au titulaire par l'intermédiaire de son corps, si
l'homme est sous les drapeaux; par l'intermédiaire de
la gendarmerie, s'il est dans ses foyers. Cette opération
est constatée par un procès-verbal établi et signé par

l'autorité chargée de la remise et signé aussi par le destinataire.

Le livret doit être remis à l'homme lui-même ; si ce dernier est absent de chez lui lors du passage de la gendarmerie, il est invité à se présenter au siège de la brigade. Au cas où il ne se rendrait pas à cette invitation, il serait signalé au commandant de recrutement et deviendrait *passible de peines disciplinaires*.

Retrait et remise des livrets des hommes passant dans l'armée territoriale.

Pour permettre au commandant de recrutement de modifier le fascicule des réservistes appelés à passer dans l'armée territoriale entre le 1er août et le 31 décembre suivant, le livret de ces hommes leur est retiré au moyen d'affiches leur prescrivant de déposer ce document dans la première quinzaine d'août, soit à la gendarmerie, soit à la mairie de leur domicile ou de leur résidence.

Les livrets modifiés et complétés sont rendus aux titulaires dès leur passage dans l'armée territoriale.

§ 3.

CHANGEMENTS DE DOMICILE ET DE RÉSIDENCE

Définition du changement de domicile et du changement de résidence.

Le *changement de domicile* est l'abandon du lieu que l'on habite, sans esprit de retour, pour se fixer définitivement ailleurs.

Le *changement de résidence* n'est qu'une absence plus ou moins prolongée du domicile, qui reste le même.

Ainsi, tout déplacement qui ne doit durer qu'un temps déterminé, relativement court et approximativement connu d'avance, ne constitue qu'un changement de résidence.

Obligations des hommes qui se déplacent.

Aux termes de l'article 55 de la loi du 15 juillet 1889, tout homme inscrit sur le registre matricule est astreint, s'il se déplace, aux obligations suivantes :

1º S'il se déplace pour *changer de domicile ou de résidence*, il fait viser, dans le délai d'un mois, son livret individuel par la gendarmerie dont relève la localité où il transporte son domicile ou sa résidence ;

2º S'il se déplace pour *voyager pendant plus d'un mois*, il fait viser son livret, avant son départ, par la gendarmerie de sa résidence habituelle ;

3º S'il va *se fixer en pays étranger*, il fait de même viser son livret avant son départ ; il doit, en outre, dès son arrivée, prévenir l'agent consulaire de France, qui lui donne récépissé de sa déclaration et en envoie copie dans les huit jours au Ministre de la guerre. A l'étranger, s'il se déplace pour changer de résidence, il en prévient, au départ et à l'arrivée, l'agent consulaire de France, qui en informe le Ministre de la guerre.

Lorsqu'il *rentre en France*, il se conforme aux prescriptions énoncées ci-dessus (1º) pour le changement de domicile ou de résidence.

Bien qu'il ne puisse être apporté aucune restriction

à l'exercice du droit de formuler la déclaration de changement de domicile, un changement de cette nature, effectué à la veille d'une convocation, ne peut évidemment être suivi d'un changement d'affectation immédiat. Les hommes ayant changé de domicile pendant *les 30 jours qui précèdent la convocation* auront à rejoindre le corps de troupes pour lequel ils avaient été désignés précédemment.

Changements d'adresse.

L'homme qui *change d'adresse* à Paris ou dans une ville de plus de 20,000 habitants doit en faire la déclaration à la gendarmerie.

Déplacements pour voyager.

L'homme qui *se déplace pour voyager* pendant plus d'un mois est tenu d'en faire la déclaration à la gendarmerie de sa résidence habituelle, *au moment du départ* de la commune, *ainsi qu'au retour*. La gendarmerie appose son visa sur le livret individuel.

Hommes allant se fixer à l'étranger.

Le réserviste ou le territorial qui *va se fixer à l'étranger* ne cesse pas d'avoir son domicile en France. Il est donc considéré pendant son séjour à l'étranger comme étant en simple changement de résidence.

Tout homme qui va se fixer à l'étranger fait viser son livret par la gendarmerie, au départ de la commune. Il prévient en outre, dès son arrivée à l'étranger, l'agent consulaire de France, qui lui délivre récépissé de sa déclaration.

L'homme fixé à l'étranger qui rentre en France fait

à son arrivée la déclaration prescrite par la loi, comme il a été dit plus haut.

Hommes allant se fixer dans une colonie française ou dans un pays de protectorat.

L'homme qui va se fixer dans *une colonie française* ou dans *un pays de protectorat* fait également viser son livret par la gendarmerie, avant son départ. A son arrivée à destination, il est tenu d'effectuer devant l'autorité militaire locale de la colonie ou du pays de protectorat une déclaration analogue à celle que font les hommes fixés à l'étranger.

Toutefois, *en Algérie et en Tunisie,* les diverses déclarations de déplacement sont faites à la gendarmerie, dans les mêmes conditions qu'en France.

§ 4.

AVANCEMENT ET PUNITIONS.

Confirmation des grades dans la réserve ou dans l'armée territoriale.

Tout homme qui, en quittant le service d'activité, est appelé à faire partie des réserves, passe dans ces réserves avec le grade ou la classe qu'il occupait au moment de sa radiation des contrôles de l'armée active.

Les *conditions d'ancienneté* pour l'avancement, dans les cadres inférieurs, des réservistes et des territoriaux sont les mêmes que celles imposées aux hommes de l'armée active, c'est-à-dire qu'il faut : 6 mois de service comme soldat pour passer caporal, 6 mois de service comme caporal pour passer sous-officier. Le temps passé dans leurs foyers par les disponibles, réservistes ou territoriaux, à la suite de l'accomplissement de leur période d'activité, est compris dans le décompte de leur ancienneté de grade ou de service.

Tableaux d'avancement.

Au moment du passage des classes dans les différentes catégories de réserve, ou à la suite des périodes d'instruction, il est établi, dans chaque corps actif ou territorial, des *états de candidature* aux divers grades inférieurs comprenant les disponibles, réservistes ou territoriaux reconnus aptes à l'avancement. La réunion de ces états constitue le *tableau d'avancement* de la réserve de chaque corps actif ou du corps territorial.

Nominations aux grades inférieurs.

Les *nominations aux grades inférieurs* dans la réserve sont prononcées par les autorités qui ont qualité pour faire les nominations à ces mêmes grades dans l'armée active.

Les nominations aux grades inférieurs dans les corps de troupes de toutes armes de l'armée territoriale sont faites par le chef du corps actif de rattachement.

Les nominations ont lieu à toute époque de l'année, mais de préférence au cours des périodes d'instruction. Elles sont notifiées par les corps de troupes auxquels appartiennent les nouveaux promus aux commandants des bureaux de recrutement dont relèvent ces hommes, pour être portées à la connaissance des intéressés.

En cas de mobilisation, les lois et règlements qui

régissent l'avancement dans l'armée active sont appliqués à l'armée territoriale.

Rétrogradations et cassations.

Comme il importe que les gradés des différentes réserves jouissent, dans leurs foyers, de l'estime publique, qui peut seule préserver de toute atteinte, l'autorité éventuelle qu'ils sont appelés à exercer, la *rétrogradation* ou la *cassation* est prononcée, sur le rapport de la gendarmerie, contre ceux qui se sont rendus indignes de leur grade ou emploi, soit par suite de *condamnations*, soit pour *tout autre motif*.

Une condamnation à plus de trois mois de prison entraîne la *cassation d'office*. Une condamnation à trois mois ou à moins de trois mois, la rétrogradation ou la cassation, suivant la gravité des faits. Il en est de même des *motifs d'indignité* autres qu'une condamnation à la prison. Le règlement signale comme devant nctamment être cassés les gradés reconnus indignes d'occuper un grade ou un emploi, par suite de punitions disciplinaires graves ou réitérées, d'incitation à la désobéissance, d'actes d'indiscipline incompatibles avec la situation de gradé, d'habitude d'ivrognerie, d'immoralité notoire, de l'exercice avéré d'une profession déshonorante.

Les sous-officiers seuls peuvent être rétrogradés ; les caporaux et brigadiers ne peuvent être que cassés.

Rétrogradations ou cassations prononcées par le Ministre.

La rétrogradation et la cassation des gradés réservistes et territoriaux sont prononcées, lorsqu'il y a lieu, par les généraux exerçant le commandement territorial. S'il s'agit de gradés provenant *des rengagés ou des commissionnés,* elles ne peuvent être prononcécs que par le Ministre ou le commandant du corps d'armée délégué, sur l'avis conforme d'un conseil d'enquête ou d'un conseil de discipline, suivant que le gradé en cause est un sous-officier ou un caporal.

Les sous-officiers, caporaux ou brigadiers en jouissance d'une pension proportionnelle ou de retraite, et qui sont cassés ou rétrogradés, continuent néanmoins à jouir de ladite pension.

Le Ministre seul prononce la rétrogradation et la cassation des sous-officiers et caporaux décorés de la Légion d'honneur ou de la médaille militaire, dans la même forme que pour les gradés provenant des rengagés ou des commissionnés.

Lorsque les gradés des différentes réserves sont *présents sous les drapeaux,* ils peuvent être rétrogradés ou cassés, par mesure de discipline ou pour insuffisance d'aptitude, selon les règles prévues par le règlement sur le service intérieur des troupes.

Rétrogradation et remise de grade volontaires.

Les gradés qui désirent remettre leurs galons ou se faire rétrograder doivent formuler leur demande par écrit et l'adresser, par l'intermédiaire de la gendarmerie, au général investi du commandement territorial dans la subdivision de région où ils résident.

Punitions disciplinaires.

Les réservistes et les territoriaux dans leurs foyers

peuvent être *punis disciplinairement* pour manquements à leurs devoirs militaires.

L'*ordre de punition* est remis à l'homme puni par la gendarmerie, qui dresse procès-verbal de ladite remise. Cet ordre indique notamment la nature, la durée et le motif de la punition, et le corps de troupes dans lequel l'intéressé doit la subir, généralement le plus voisin de sa résidence.

En cas d'absence de l'homme, l'ordre de punition est déposé à son domicile.

Dispositions de détail.

Afin de léser le moins possible les hommes dans leurs intérêts et de leur permettre de prendre leurs dispositions, les bulletins de punition sont établis de manière qu'il s'écoule un laps de temps *d'un mois au moins* entre la notification du bulletin à l'homme puni et le jour où celui-ci doit se mettre en route pour subir sa punition. Cette prescription ne s'applique pas, bien entendu, aux hommes qui n'obéissent pas au premier ordre et sont amenés au corps sous l'escorte de la gendarmerie.

Le *jour de l'aller* pour se rendre au lieu de convocation et *le jour du retour* pour rentrer dans leurs foyers sont compris dans le nombre de jours de punition; toutefois, lorsque la punition n'est que *d'un jour* et que la distance pour l'aller et le retour est telle qu'elle ne puisse être franchie dans la même journée, l'homme puni est maintenu à la salle disciplinaire *pour y passer la nuit* et il n'est renvoyé que le lendemain matin au réveil.

Les *frais de route* (aller et retour) sont payés par

les soins du corps dans lequel l'homme subit sa punition.

§ 5.

PÉRIODES D'INSTRUCTION.

Obligations générales au point de vue des appels.

En vertu des lois des 15 juillet 1889 et 19 juillet 1892
ou par application de ces lois, les hommes des différentes catégories de réserve sont assujettis, en temps
de paix, à des *périodes d'instruction* ou à des *revues
d'appel* dans les conditions ci-après :

Disponibilité. — Les jeunes gens envoyés dans la
disponibilité par application de l'article 23 de la loi de
recrutement (dispensés universitaires, élèves ecclésiastiques, élèves des différentes écoles, jeunes gens
exerçant des industries d'art, etc.) sont astreints à
accomplir *une période d'exercices de quatre semaines*
dans l'année de leur passage dans la réserve.

Réserve. — Les hommes de la réserve de l'armée
active doivent accomplir *deux périodes d'exercices*,
chacune d'une durée de *quatre semaines*.

Armée territoriale. — Les hommes de l'armée territoriale sont astreints à *une période d'exercices de
deux semaines*.

Réserve de l'armée territoriale. — Les hommes
de la réserve de l'armée territoriale sont soumis à *une
revue d'appel* pour laquelle la durée du déplacement
imposé n'excède pas *une journée*.

Hommes des services auxiliaires. — Ces hommes

sont soumis, en principe, à *cinq revues d'appel* échelonnées pendant tout le cours de leur service dans les
différentes catégories de réserve.

**Appels spéciaux des hommes de la réserve de
l'armée territoriale affectés à la garde des voies de
communication.** — En vertu de la loi du 2 juillet 1890,
les hommes dont il s'agit peuvent être astreints à des
exercices spéciaux dont la durée totale, pendant les
six années passées dans la réserve, n'excède pas *neuf
jours*.

Officiers démissionnaires.

Il est tenu compte, aux officiers de réserve et de
l'armée territoriale *démissionnaires* et appelés à suivre,
comme hommes de troupe, le sort de leur classe, des
périodes d'instruction accomplies comme officiers. En
conséquence, si un officier de réserve a accompli avant
sa démission trois périodes d'exercices de quatre semaines dans la réserve, soit comme homme de troupe,
soit comme officier, il est considéré comme ayant
entièrement satisfait aux prescriptions légales.

Détermination des classes à convoquer.

Une note ministérielle, insérée au *Journal officiel
de la République* dans le dernier trimestre de chaque
année, fixe les classes ou portions de classe qui seront
assujetties l'année suivante aux convocations prévues
par la loi. Cette note ne comprend pas les appels spéciaux des hommes affectés à la garde des voies de
communication, lesquels font l'objet d'instructions particulières.

Destination des hommes convoqués.

En principe, les réservistes et les territoriaux accomplissent leur période d'instruction dans le corps auquel ils sont affectés. Toutefois, les hommes affectés aux corps permanents d'Afrique et domiciliés en France *ne sont pas envoyés à ces corps* ; ils sont instruits par un régiment d'infanterie ou de cavalerie stationné dans la *région de leur domicile*. Le principe indiqué ci-dessus comporte en outre une exception pour les *territoriaux* de l'artillerie, du génie, du train des équipages militaires, des sections de secrétaires d'état-major et du recrutement, de commis et ouvriers militaires d'administration et d'infirmiers militaires, qui accomplissent leur période d'instruction dans un *corps correspondant de l'armée active*.

D'autre part, en vue d'éviter la perte de temps et les dépenses qu'exigerait une double traversée, les hommes qui, au moment de leur convocation, sont en simple résidence en *Corse*, en *Algérie* ou en *Tunisie*, accomplissent dans ces pays leur période d'instruction, autant que possible, dans un corps de leur arme. Inversement, les hommes domiciliés en Corse, en Algérie ou en Tunisie et qui, lors de leur convocation, résident régulièrement en France, sont convoqués dans le corps de leur arme le plus voisin de leur résidence.

Lieu où les hommes convoqués doivent se rendre.

Les hommes rejoignent *directement* leur corps ou fraction de corps, quel que soit le point où se trouvent ce corps ou cette fraction (région du domicile ou autre région).

Jour et heure d'arrivée à destination.

L'homme doit se présenter à son corps, en principe, dès le *premier jour* de la période d'instruction à laquelle il est convoqué. Toutefois, pour les réservistes et les territoriaux qui doivent se rendre dans une région autre que celle de leur domicile, la date de l'arrivée au corps à inscrire sur l'ordre d'appel (ainsi que la date de renvoi) est calculée en tenant compte de la distance et des moyens de communication, de manière que la durée totale de la période, journées de marche comprises, n'excède pas quatre ou deux semaines.

L'*heure d'arrivée* à destination est celle qui est indiquée par l'ordre individuel.

Convocations générales.

Les convocations qui ont lieu dans chaque corps, simultanément ou en plusieurs séries, sont appelées *convocations générales*.

Appels échelonnés.

Certaines catégories de réservistes et de territoriaux sont convoquées par groupes à des dates échelonnées pendant tout ou partie de l'année. Ces *appels échelonnés* s'appliquent notamment : aux hommes affectés aux compagnies d'ouvriers d'artillerie et d'artificiers, aux escadrons du train des équipages militaires, aux sections de secrétaires d'état-major et du recrutement, aux sections de commis et ouvriers militaires d'administration, aux sections d'infirmiers ; aux réservistes et territoriaux de toutes armes exerçant les professions de *tailleur, cordonnier, armurier, maréchal ferrant, bourrelier* et (pour les corps d'artillerie) d'*ouvriers en bois* et *en fer* ; aux gendarmes réservistes et territoriaux.

Mode de convocation.

Les hommes appelés à accomplir une période d'instruction sont tous convoqués par *ordre individuel*, quelle que soit la catégorie à laquelle ils appartiennent.

Affiches de renseignements.

Au commencement de chaque année, il est placardé dans toutes les communes des affiches destinées à faire connaître les classes ou fractions de classe qui doivent, pendant le cours de l'année, accomplir une période d'instruction ou répondre à une revue d'appel. Ces affiches portent, imprimés à leur partie supérieure, *deux drapeaux tricolores entrecroisés*, qui ont pour but de les faire distinguer au premier coup d'œil.

Ordres d'appel individuels.

Les ordres d'appel individuels, établis par les commandants de recrutement, sont remis aux intéressés par les soins de la gendarmerie *deux mois au moins* avant la date fixée pour l'appel de ces hommes.

Publicité donnée aux appels.

D'autre part, dans l'intérêt général des populations et dans celui des hommes convoqués, les généraux commandant les corps d'armée se concertent avec les préfets pour que la plus grande publicité possible soit donnée, par la voie des journaux locaux, aux dispositions prévues annuellement pour l'appel des réserves.

Obligations des hommes convoqués.

Tous les hommes de la réserve ou de l'armée territoriale appartenant aux classes appelées doivent obéir à l'ordre de convocation, à moins de *dispense* ou d'*ajournement* régulièrement accordé, ou d'empêchement pour *cas de force majeure* dûment constaté.

§ 6.

DISPENSES, AJOURNEMENTS, DEVANCEMENTS D'APPEL.

———

Dispenses accordées d'office.

Sont dispensés d'office des périodes d'exercices ou de manœuvres les hommes classés dans la catégorie des *non-disponibles ;* ces dispenses s'appliquent soit aux périodes de la réserve, soit à celle de l'armée territoriale, soit à toutes les périodes, d'après les indications des états A, B, C que l'on trouvera plus loin (Voir pages 79 à 87).

Sont dispensés d'office des deux périodes de manœuvres auxquelles ils sont assujettis les réservistes ayant accompli au moins *sept ans de service actif.*

Sont dispensés d'office de la première des deux périodes auxquelles ils sont astreints les réservistes provenant : des engagés volontaires sous l'empire de la loi du 15 juillet 1889 et des rengagés, qui ont accompli *quatre ans de service au moins* dans l'armée active ; des engagés volontaires et des appelés sous le régime de la loi du 27 juillet 1872 qui ont accompli *cinq années de présence* sous les drapeaux. Les hommes de ces catégories qui auraient déjà fait leur première période d'instruction dans la réserve sont dispensés d'accomplir la seconde.

Les *membres du Parlement* doivent être considérés comme dispensés des périodes d'exercices ou revues d'appel auxquelles ils peuvent être astreints, lorsque l'époque normale de ces convocations coïncide, en tout ou en partie, avec celles des *sessions législatives.*

Les dispenses dont il est fait mention ci-dessus étant acquises *d'office,* les intéressés n'ont aucune demande à adresser à l'autorité militaire.

Dispenses accordées sur demande.

Peuvent être dispensés, *sur leur demande,* de la période d'instruction pour laquelle ils sont convoqués, les réservistes et les territoriaux reconnus comme indispensables *soutiens de famille* et en remplissant effectivement les devoirs.

Soutiens de famille.

Ces dispenses sont accordées par les généraux commandant les subdivisions, jusqu'à concurrence de *6 p. 100* du nombre de réservistes ou de territoriaux, suivant le cas, domiciliés dans la subdivision et convoqués dans l'année. Elles ne créent point aux hommes une situation particulière, n'ont aucun caractère permanent et ne sont valables que pour la convocation en vue de laquelle elles ont été délivrées. Elles ne doivent porter que sur les membres d'une famille qui se trouverait *privée de moyens d'existence* par suite du départ de l'homme appelé. La direction d'un établissement, d'une usine, d'une maison de commerce, etc., la maladie ou la mort d'un parent ne sauraient motiver d'autre mesure qu'un *ajournement*.

Instruction des demandes de dispense à titre de soutien de famille. — Certificat n° 5 bis.

Les demandes de dispense à titre de soutien de famille sont remises par les intéressés au maire de la commune de leur domicile, qui en donne récépissé. Elles sont accompagnées : 1° d'un *relevé des contributions* payées par la famille, certifié par le percepteur ; ce relevé indique non seulement les contributions payées par les ascendants, mais encore celles payées par le postulant et par sa femme, s'il est marié ; 2° d'un *avis motivé de trois pères de famille* résidant dans la commune et ayant un fils sous les drapeaux, ou, à défaut, dans la réserve de l'armée active, et jouissant de leurs droits civils et politiques. Cet avis est consigné sur un certificat dit n° 5 *bis* (Voir aux annexes le modèle de ce certificat).

Lorsque, à défaut de pères de famille ayant un fils sous les drapeaux, on a recours au témoignage de pères de famille ayant un fils dans la réserve, ils doivent, autant que possible, être pères de réservistes appartenant aux classes convoquées dans l'année.

Si l'homme a changé de résidence, il remet ou envoie sa demande au maire de la commune *de son domicile*.

Le maire soumet les demandes au conseil municipal, qui émet un avis motivé ; il dresse ensuite une liste de tous les hommes qui ont demandé une dispense, y porte l'avis motivé du conseil et l'envoie, au plus tard, quinze jours avant la date fixée pour la convocation, avec les dossiers des demandes de dispense, au général commandant la subdivision, qui statue.

Pour le département de la Seine, ces dispenses sont accordées par M. le gouverneur militaire de Paris.

Avis des décisions prises sur les demandes de dispense.

Avis de la décision est donné directement aux intéressés par le commandant de recrutement au moyen d'une carte de correspondance envoyée en franchise par la poste et *conservée par les destinataires*.

Ajournements.

L'homme convoqué peut obtenir un *ajournement* ou, dans les cas de force majeure, *plusieurs ajournements* successifs, s'il en fait la demande basée sur une situation vraiment digne d'intérêt et qui serait compromise ou aggravée si l'appelé répondait à son ordre de convocation (état de santé ; établissement industriel ou exploitation agricole dont les travaux souffriraient gravement de l'appel simultané du patron et des ouvriers ; maladie d'un enfant, d'un proche parent, etc., etc.).

Instruction des demandes d'ajournement

Les *demandes d'ajournement* sont remises par les intéressés, *vingt jours au moins* avant la date fixée pour leur convocation, à la brigade de gendarmerie dont relève leur résidence. Dans des cas *exceptionnels et urgents*, elles peuvent être reçues *jusqu'au moment même du départ*.

Le commandant de la brigade de gendarmerie transmet, après enquête, ces demandes au commandant du bureau de recrutement dont il dépend, en y joignant un bulletin de renseignements et d'avis. Cet officier supérieur soumet les dossiers, accompagnés de son avis personnel, au général commandant la subdivision, qui statue et lui notifie sa décision. Les hommes sont avisés de cette décision dans la forme indiquée ci-dessus pour les dispenses.

Demandes d'ajournement pour raison de santé.

Les demandes d'ajournement basées sur l'état de santé des pétitionnaires sont soumises à une *enquête médicale* avant d'être envoyées au commandant de recrutement. Le titulaire de la demande est invité par la gendarmerie à se présenter, si son état le permet, et muni de son livret, au service de la place de la garnison la plus voisine, pour y être visité par un *médecin militaire*. Le jour et l'heure de cette visite lui sont indiqués à l'avance.

Si l'homme *ne peut se déplacer*, vu son état de santé, et s'il réside dans une ville de garnison, il est visité localement par un médecin militaire à la diligence du service de la place prévenu par la gendarmerie; s'il réside *en dehors de toute garnison*, il est visité par un *médecin civil* en présence d'un militaire de la gendarmerie.

Certificat médical.

Dans tous les cas, si le réserviste ou territorial est reconnu malade, le résultat de la visite est consigné sur un *certificat* qui est remis à l'intéressé pour être envoyé par ses soins à la gendarmerie à l'appui de sa demande. Les certificats établis par les *médecins civils* doivent spécifier que l'homme a été dans l'impossibilité de se présenter à l'autorité militaire et être revêtus du *visa du maire* pour légalisation de la signature du médecin.

L'homme est ajourné, s'il y a lieu. Il peut encore être convoqué, le cas échéant, pour être examiné par la *commission de réforme*.

Cas spéciaux d'ajournement.

Sont en outre ajournés d'office, *sur leur demande* :

Les *conseillers généraux* appelés pendant les sessions des assemblées auxquelles ils appartiennent;

Les *jurés* appelés à siéger pendant la période à laquelle ils sont convoqués;

Les hommes *assignés en justice* comme témoins à une date coïncidant avec l'époque de leur période d'instruction;

Le *puîné de deux frères* appelés ensemble à accomplir une période d'exercices, s'ils ont leur résidence commune au sein de la famille;

Les *membres de l'enseignement* secondaire et primaire, professeurs, répétiteurs et examinateurs des écoles supérieures de commerce reconnues par l'Etat, élèves des diverses facultés ou écoles, dont la convocation coïncide avec la période de l'année scolaire. L'appel de ces réservistes et territoriaux est reporté à l'époque des vacances *(août-septembre)*.

Les hommes *employés à bord des paquebots* et autres bâtiments de commerce appelés à se trouver en mer au moment de leur convocation et qui ont fait à la gendarmerie la déclaration prescrite, sont considérés comme ajournés jusqu'à leur rentrée en France, sans qu'ils aient à produire une demande d'ajournement avant leur départ.

Élections partielles.

Enfin, lorsque les dates fixées pour des *élections partielles* coïncident avec l'époque d'une convocation générale ou partielle, les hommes convoqués qui doivent prendre part au vote ne sont pas astreints à répondre à leur convocation et sont considérés comme ajournés.

Ajournement des hommes fixés ou voyageant hors de France.

Tout homme *fixé ou voyageant à l'étranger* et ayant fait les déclarations prévues par la loi, ou tout au moins celle au consul, est au point de vue de l'accomplissement des périodes d'exercices, considéré comme ajourné jusqu'à sa rentrée en France, sans qu'il ait à produire une demande à l'autorité militaire. Il en est de même des hommes *fixés aux colonies* ou dans les *pays de protectorat de l'Extrême-Orient*.

Toutefois, les hommes fixés à l'étranger dans les *pays limitrophes* de la France, peuvent être, sur la proposition du commandant de recrutement du domicile, rappelés momentanément en France pour accomplir leurs devoirs militaires, si leur situation civile ne doit pas en souffrir.

Rappels de périodes des hommes fixés ou voyageant à l'étranger.

Les hommes qui ont été ajournés comme fixés ou voyageant à l'étranger sont tenus, *s'ils rentrent en France*, en Algérie ou en Tunisie, avant l'époque de leur libération définitive, d'accomplir la ou les périodes d'exercices pour lesquelles ils ont été considérés comme ajournés, sans pouvoir être incorporés au cours d'une même année pour plus de 4 semaines, à moins qu'ils n'y consentent ou ne le demandent.

Les hommes de cette catégorie qui atteignent le jour de leur libération définitive du service, soit pendant la durée d'une convocation ainsi faite par voie de rappel, soit avant d'avoir accompli toutes leurs périodes d'exercices, sont considérés comme dégagés de toute obligation militaire.

Rappels de périodes des insoumis et des détenus libérés.

L'*insoumis acquitté*, objet d'une ordonnance de *non-lieu* ou d'un *refus d'informer*, le *détenu libéré*, quel qu'ait été le motif de la détention, sont également astreints à accomplir, *par rappel*, les périodes d'instruction auxquelles ils ont manqué.

Devancements d'appel.

Les réservistes ou territoriaux peuvent, sur leur demande dûment motivée, obtenir très exceptionnellement des *devancements d'appel*.

L'appel de l'homme qui bénéficie de cette faveur est fixé à une des convocations de l'année au cours de laquelle il doit être normalement convoqué ou de l'année qui précède.

Instruction des demandes de devancement d'appel.

Les demandes de cette nature sont instruites dans les conditions précédemment indiquées pour les demandes d'ajournement ; elles donnent lieu aux mêmes notifications et avis.

Devancement d'appel des sous-officiers candidats officiers de réserve.

Des devancements d'appel sont accordés aux *sous-officiers candidats au grade d'officier de réserve*, conformément au règlement du 23 mars 1894, pour leur permettre d'accomplir, pendant leur première année de service dans la réserve, la première période d'instruction à laquelle ils sont astreints comme réservistes.

§ 7.

DISPOSITIONS DIVERSES CONCERNANT LES APPELS.

Changements de destination.

Les réservistes ou territoriaux qui en font la demande peuvent, très exceptionnellement, être autorisés à accomplir leur période d'instruction dans un corps plus voisin de leur résidence que celui qui leur est normalement assigné. Ces demandes de *changement de destination* sont soumises aux mêmes règles que les demandes d'ajournement.

Mise en route et mouvement des hommes convoqués.

Les hommes convoqués se mettent en route isolément et en temps utile pour se présenter à leur destination au jour et à l'heure indiqués par leur ordre d'appel.

Hommes voyageant à pied.

Les hommes qui se rendent *à pied* de leur résidence à leur destination ont droit *au logement* chez l'habitant, même dans les localités qui ne sont pas gîtes d'étape, lorsque la distance à parcourir est égale ou supérieure à 25 kilomètres. Ils se présentent à la mairie, porteurs de leur ordre d'appel ou de leur livret, pour recevoir un billet de logement.

Hommes voyageant par voie ferrée.

Les hommes qui se rendent à destination par *voie ferrée* sont admis à voyager au tarif militaire sur la présentation, soit d'un *ordre d'appel*, soit de leur *livret* ouvert à la feuille spéciale (1). Ce droit au tarif militaire n'est acquis qu'aux hommes partant de leur domicile légal ou de leur résidence régulière, ou à ceux en voyage qui ont fait leur déclaration de déplacement.

---

(1) En principe, l'ordre d'appel dûment complété servira de titre pour le voyage de retour. Transitoirement, la feuille spéciale aux appels contenue dans le livret pourra être utilisée pour le renvoi des hommes.

Itinéraire à suivre et délais de route.

Les hommes sont tenus, pour se rendre à leur destination, de suivre toujours *l'itinéraire le plus direct*, sous peine de perdre le bénéfice du tarif militaire. Les délais pendant lesquels ils peuvent bénéficier de ce tarif sont de *trois jours* avant la date fixée pour la convocation.

Marques extérieures de respect.

Lorsque les hommes de la réserve et de l'armée territoriale, même non présents sous les drapeaux, sont revêtus d'effets d'uniforme, ils doivent à tout supérieur hiérarchique en uniforme les *marques extérieures de respect*.

Visite médicale à l'arrivée.

A leur arrivée à destination, les hommes qui en font la demande sont *visités par le médecin du corps*. Les chefs de corps soumettent au même examen les hommes qui paraissent devenus *inaptes au service actif* ou au *service de leur arme*, ou qui semblent hors d'état de supporter les fatigues de la période d'instruction.

Ceux qui seraient *momentanément hors d'état* d'accomplir leur période d'instruction sont *ajournés et renvoyés* immédiatement dans leurs foyers.

Les hommes qui paraissent *inaptes* au service actif ou au service de leur arme sont soumis sans délai à l'examen de la *commission de réforme*, qui à cet effet se réunit extraordinairement dans les deux premiers jours de la convocation. Les hommes réformés sont renvoyés dans leurs foyers, ceux qui doivent changer d'arme sont dirigés sans retard sur leur nouveau corps.

Retardataires.

Les hommes qui, sans motifs légitimes, *se présentent en retard*, dans les trois premiers jours de la période à laquelle ils sont convoqués, sont *punis disciplinairement* par l'autorité qui a constaté la faute. Ils sont, d'ailleurs, tenus d'accomplir immédiatement et intégralement leur période.

Passé ce délai de trois jours, ceux qui n'ont pas rejoint leur corps sont immédiatement signalés au recrutement et recherchés par la gendarmerie (Voir plus loin les instructions concernant l'*insoumission*).

Hommes répondant indûment aux convocations.

Les hommes appartenant à des classes ou catégories non convoquées et qui se présentent *indûment* au corps pour accomplir leur période, sont, *si leur bonne foi est reconnue*, admis à accomplir par *devancement d'appel* la période d'exercices à laquelle ils seraient tenus de répondre ultérieurement. Dans le cas contraire, ils sont *punis disciplinairement* et renvoyés ensuite dans leurs foyers.

Hommes qui se présentent sans livret.

L'homme qui se présente *sans livret* ou *sans récépissé* de livret est *puni disciplinairement*, à moins qu'il ne justifie d'un cas de force majeure. Dans tous les cas, il doit, à défaut de ces documents, produire les renseignements propres à la constatation de sa situation militaire, notamment un *certificat d'identité* déli-

3

vré par le maire de sa commune, avec l'assistance de deux témoins, ou par le commissaire de police et, à leur défaut, par le commandant de la brigade de gendarmerie. S'il ne possède pas d'autres attestations d'identité que sa propre déclaration, *il est toujours puni* et accomplit néanmoins sa période d'instruction.

Renvoi des hommes dans leurs foyers.

A la fin de la période d'exercices, dont la durée comprend *le jour de l'arrivée* à destination et *celui du départ*, les hommes sont renvoyés isolément dans leurs foyers. Le chef de corps fait inscrire sur la feuille spéciale (1), dans la case « Retour », le nom de la localité dans laquelle chacun d'eux se retire, et signe cette inscription. Cette localité est, en principe, la même que celle d'où l'homme est parti pour obéir à la convocation. *Très exceptionnellement*, et pour des motifs dûment justifiés, les chefs de corps peuvent autoriser un réserviste à se rendre dans une autre localité.

Délai de route pour le retour.

Il n'est accordé, à la suite de la période d'instruction, *ni permission, ni sursis de départ*, qui auraient pour effet de différer le retour des hommes dans leurs foyers. Toutefois, le délai pendant lequel les hommes qui ont accompli leur période peuvent bénéficier du tarif militaire sur les chemins de fer pour rentrer dans leurs foyers est de *deux jours* après la date fixée pour leur départ.

----

(1) Voir le renvoi de la page 35.

Hommes maintenus au corps après la période d'instruction.

Les hommes qui se sont présentés *en retard* sont *maintenus au corps* jusqu'à l'accomplissement intégral de leur période. En outre, ceux qui ont été *punis de prison* au cours de la période sont maintenus, après son expiration, pendant un nombre de jours égal à la durée totale des punitions de cette nature qu'ils ont encourues.

L'homme maintenu au corps pour subir une punition de prison, et qui entre à l'hôpital, est renvoyé dans ses foyers dès sa sortie de l'hôpital.

Hommes tombés malades pendant la période d'exercices.

Les hommes *tombés malades* pendant la période d'exercices ne sont pas astreints à compléter cette période. Ils sont renvoyés dans leurs foyers avec les hommes de leur classe, dès leur sortie de l'infirmerie ou de l'hôpital.

Allocations dues aux réservistes et territoriaux à l'aller et au retour.

En cas d'appel, les réservistes et les territoriaux qui résident dans la subdivision de région de leur domicile reçoivent une *indemnité spéciale*, uniformément fixée à 1 fr. 25, quel que soit leur grade, lorsque la distance comprise entre le chef-lieu de canton de leur domicile et le point de réunion n'excede pas 24 kilomètres parcourus tant sur les voies ferrées que sur les routes ordinaires. Cette indemnité est allouée même à celui qui habite dans le lieu de réunion ; elle ne peut se cumuler avec l'*indemnité journalière de route.*

Lorsque la distance est supérieure à 24 kilomètres, les hommes ont droit : 1° à l'*indemnité kilométrique* de 0 fr. 016 pour la portion du trajet parcourue en chemin de fer ; 2° à l'*indemnité journalière de route*, fixée à 1 fr. 25, quel que soit le grade.

Les hommes qui ont été autorisés à résider hors de la subdivision de région de leur domicile ont droit à l'*indemnité de route* d'après la distance comprise entre le chef-lieu de la subdivision qu'ils quittent et celui de la subdivision de région où se trouve le point qu'ils doivent rejoindre.

Pour le retour dans leurs foyers, les réservistes et territoriaux ont droit à l'*indemnité de route* d'après les mêmes principes que pour l'aller. Cependant, ils n'ont pas droit à l'indemnité kilométrique lorsqu'ils n'ont à parcourir qu'une distance égale ou inférieure à 36 kilomètres ; ils reçoivent l'indemnité journalière si le trajet est supérieur à 24 kilomètres ; ils n'ont droit à *aucune indemnité* si la distance est égale ou inférieure à 24 kilomètres.

Les hommes qui se rendent *indûment* à leur corps, bien qu'appartenant à une catégorie qui n'est pas appelée, doivent recevoir les frais de route, aller et retour, lorsque *leur bonne foi n'est pas douteuse.*

Les allocations de route auxquelles les hommes ont droit pour l'aller leur sont payées *par rappel* à l'arrivée au corps.

Réservistes ou territoriaux sans ressources.

Un réserviste ou un territorial *sans ressources*, en résidence hors de la subdivision de région de son domicile légal, reçoit, par les soins du sous-intendant

militaire, une *feuille de route* et un *mandat d'indemnité de route*. S'il a fait sa déclaration de changement
de résidence, il reçoit l'indemnité afférente au parcours compris entre le chef-lieu de la subdivision de
sa résidence et le chef-lieu de la subdivision du lieu
de convocation. S'il n'a pas fait de déclaration, il doit
être payé comme s'il partait de son domicile ou de sa
dernière résidence déclarée.

Lorsque le réserviste ou le territorial sans ressources
se trouve dans une localité où il n'existe pas de sous-
intendant, il s'adresse au maire, qui prend les dispositions nécessaires pour le mettre en route.

Appel des dispensés de l'article 23.

Les *dispensés de l'article 23* (professeurs, élèves
ecclésiastiques, élèves des différentes écoles, etc.) sont,
comme on l'a vu plus haut, astreints à l'accomplissement d'une période d'instruction de quatre semaines.
Le tableau ci-dessous indique, jusqu'à l'année 1906,
les classes qui devront être soumises chaque année à
cette période spéciale :

ANNÉES des appels.	1896	1897	1898	1899	1900	1901	1902	1903	1904	1905	1906	Etc.
Classes appelées.	1892	1893	1894	1895	1896	1897	1898	1899	1900	1901	1902	Etc.

Les convocations de ces hommes, faites ordinaire-
ment par *ordres d'appels individuels*, sont soumises
aux règles prévues pour les appels généraux du temps
de paix, sous la réserve des particularités suivantes:

Les dispensés de l'article 23 ne peuvent être exemptés de leur période.

Les dispensés de l'article 23 ne peuvent en aucun cas être exemptés de la période d'instruction à laquelle ils sont assujettis.

Ajournements ou devancements d'appel des dispensés de l'article 23.

Ceux d'entre eux qui sont appelés à concourir au recrutement des officiers de réserve, c'est-à-dire qui ont été nommés caporaux dans ce but, au moment de leur envoi dans la disponibilité, peuvent être *ajournés* à la convocation de l'année suivante, s'ils en font la demande basée sur des raisons de force majeure (maladie) ou des motifs d'une gravité exceptionnelle.

Des *devancements d'appel* ou des *ajournements* peuvent être en outre accordés, sur demande sérieusement motivée, aux dispensés de l'article 23 qui, par leur carrière ou leur situation (instituteurs dans les écoles d'Orient ou d'Afrique, élèves ecclésiastiques, etc.), ne sont pas destinés à devenir officiers de réserve.

§ 8.

REVUES D'APPEL ET EXERCICES SPÉCIAUX.

Situation des hommes des services auxiliaires.

Les hommes classés dans *les services auxiliaires* par les conseils de revision ou les commissions de réforme sont mis à la disposition du Ministre de la guerre, passent dans les différentes catégories de réserve et sont définitivement libérés en même temps que les hommes du contingent de la classe à laquelle ils appartiennent par leur âge.

Ils reçoivent, en même temps que ces derniers et par les soins du commandant de recrutement, un *livret individuel*.

En temps de guerre, ils sont utilisés pour compléter le personnel des divers services régimentaires ou accessoires de l'armée, désignés par le Ministre.

Revues d'appel.

En temps de paix, ils sont soumis à *5 revues d'appel*, savoir :

1er appel, pendant la 2e année de service dans la disponibilité ;

2e appel, pendant la 3e année dans la réserve de l'armée active ;

3e appel, pendant la 7e année dans la réserve de l'armée active ;

4e appel, pendant la 2e année dans l'armée territoriale ;

5e appel, pendant la 1re année dans la réserve de l'armée territoriale (cet appel se confond avec celui qui est prévu au titre de la réserve de l'armée territoriale).

Tableau des revues d'appel.

Le tableau ci-après indique la correspondance des classes avec les années de convocation :

ANNÉES de CONVOCATION.	INDICATION DES REVUES ET DES CLASSES APPELÉES.					OBSERVATIONS.
	1re revue.	2e revue.	3e revue.	4e revue.	5e revue.	
1896............	1893	1889	1885	1880	1875	(A) La classe de
1897............	1894	1890	1886	1881	1876	1883 ayant répondu
1898............	1895	1891	1887	1882	1877	5 fois aux appels (en
1899............	1896	1892	1888	(A)	1878	1886, 1888, 1890,
1900............	1897	1893	1889	1884	1879	1892 et 1894) n'a
1901............	1898	1894	1890	1885	1880	plus à répondre.
1902............	1899	1895	1891	1886	1881	
1903............	1900	1896	1892	1887	1882	
1904............	1901	1897	1893	1888	1883	
1905............	1902	1898	1894	1889	1884	
1906............	1903	1899	1895	1890	1885	

Lieu et jour de la revue.

La revue a lieu successivement dans chaque canton, au chef-lieu même, le jour où le conseil de revision se réunit pour la formation de la classe. Les hommes sont tenus de se présenter porteurs de leur livret individuel, soit dans le canton de leur domicile ou de leur résidence déclarée, soit dans tout autre centre d'appel, sans qu'ils puissent jamais être obligés de se rendre, pour répondre à la convocation, dans la subdivision dont ils dépendent normalement.

Réforme des hommes des services auxiliaires.

Les hommes des services auxiliaires qui demandent à faire valoir *des cas de réforme* et ceux qui paraissent n'avoir plus l'*aptitude physique* nécessaire pour être utilisés en cas de mobilisation sont examinés et, s'il y a lieu, réformés sur place par une commission composée, dans ce cas particulier : du membre militaire du conseil de revision, président, du fonctionnaire de l'intendance, du commandant de recrutement et du médecin militaire affectés à ce conseil.

Lorsqu'une *contre-visite* est jugée nécessaire, l'homme est convoqué devant la commission normale de réforme siégeant au chef-lieu de la subdivision.

Dispenses des revues d'appel.

Les hommes des services auxiliaires *fixés ou voyageant à l'étranger*, en Tunisie, aux colonies ou dans les pays de protectorat de l'Extrême-Orient et ayant fait les déclarations prescrites, sont *dispensés des revues d'appel*, de même que les *membres de l'enseignement*, lorsque l'époque de ces revues coïncide avec la période scolaire.

Ceux qui sont à l'étranger n'ont pas à produire de demande. Quant aux membres de l'enseignement, les demandes de dispense, appuyées de l'avis de l'autorité universitaire, sont soumises aux mêmes règles que les demandes d'ajournement des réservistes et des territoriaux.

Revues d'appel des hommes de la réserve et de l'armée territoriale.

Les hommes de la *réserve de l'armée territoriale* répondent, au cours de la première année de service dans cette réserve, à la *revue d'appel* à laquelle ils sont soumis. Jusqu'en 1906, cette revue portera sur les classes ci-après :

ANNÉES des appels.	1896	1897	1898	1899	1900	1901	1902	1903	1904	1905	1906	Etc.
Classes appelées.	1875	1876	1877	1878	1879	1880	1881	1882	1883	1884	1885	Etc.

Lieu et jour de la revue.

Ces revues ont lieu au moment des opérations des conseils de revision en même temps que celles des *hommes des services auxiliaires* et sont soumises aux mêmes règles, notamment en ce qui concerne les *dispenses*.

Exercices spéciaux des hommes affectés à la garde des voies de communication.

Les *exercices spéciaux* des hommes affectés à la garde des voies de communication sont réglés comme nature, époque et durée, par des instructions du Ministre de la guerre ; ils ne doivent pas excéder *9 jours au total* pendant les six années passées dans la réserve de l'armée territoriale.

Les hommes, convoqués par *ordres d'appel individuels*, rejoignent directement le centre dans lequel ils doivent être réunis. Ils ne peuvent être dispensés, mais seulement ajournés à titre exceptionnel, pour les motifs et dans la forme fixés pour les appels ordinaires des réservistes et territoriaux.

§ 9.

INSOUMISSION.

Insoumission. — Définition du délit.

Est déclaré *insoumis en temps de paix* l'homme de la disponibilité, de la réserve de l'armée active, de l'armée territoriale ou de la réserve de cette armée, qui, ayant manqué à une convocation, n'a pas, l'année suivante, obéi à une nouvelle convocation faite par ordre d'appel individuel et n'a pas non plus rejoint dans les délais fixés par un ordre de route spécial régulièrement notifié.

Conditions et constatation du délit.

Comme on l'a vu plus haut (page 37) les hommes qui n'ont pas rejoint leur corps dans les 3 jours qui suivent la date fixée pour la convocation sont recherchés par la gendarmerie. S'ils sont retrouvés et s'ils obéissent à l'injonction qui leur est faite avant la fin de la période, ils sont *punis disciplinairement* ou sont excusés, selon les motifs de leur retard, et ils accomplissent intégralement leur période.

S'ils manquent tout à fait à la convocation, soit qu'ils se présentent après la période, soit qu'ils n'obéissent pas à l'injonction qui leur a été notifiée, soit qu'ils n'aient pu être trouvés, ils sont appelés *une deuxième fois*, l'année suivante, et *par ordres individuels*, pour accomplir cette période. Ceux qui rejoignent au jour fixé par ce nouvel ordre sont punis disciplinairement pour avoir manqué une première fois, à moins qu'ils ne l'aient été déjà pour ce motif. Ceux qui ne rejoignent pas reçoivent, par l'intermédiaire de la gendarmerie, un *ordre de route spécial* établi de manière qu'il puisse s'écouler au moins trois jours francs entre le jour de la notification faite par la gendarmerie et le jour auquel l'homme doit se mettre en route pour rejoindre.

Remise de l'ordre de route d'un réfractaire.

L'ordre de route ainsi établi doit être notifié à l'intéressé en personne, et, en cas d'absence, au maire de la commune de son domicile.

Le fait de ne pas rejoindre son corps *dans le délai d'un mois* après la date de convocation inscrite sur son ordre de route constitue, pour l'homme, le cas de récidive prévu par l'art. 75 de la loi du 15 juillet 1889 ; en conséquence, il est alors déclaré « *insoumis* » et, comme tel, rayé des contrôles du corps auquel il est affecté.

L'insoumis arrêté ou qui se présente volontairement *est passible du conseil de guerre.*

Insoumission en temps de guerre.

Est déclaré *insoumis en temps de guerre* l'homme de la disponibilité ou de la réserve de l'armée active, de l'armée territoriale ou de la réserve de cette armée qui n'a pas rejoint dans *le délai de deux jours* après la date fixée, soit par l'ordre de route de son livret, soit par un ordre d'appel pour un service spécial. Toutefois, les hommes qui ont fait les déclarations prévues pour changements de résidence, voyages, etc., ont droit, pour rejoindre, à des *délais supplémentaires* calculés d'après la distance à parcourir. Ceux qui se trouvent dans ces conditions doivent se présenter à la gare la plus voisine de leur résidence, avant 9 heures du matin, le 2e jour de la mobilisation s'ils sont disponibles ou réservistes, le 3e jour s'ils appartiennent à l'armée territoriale.

Un insoumis du temps de paix qui ne rejoint pas

lors de la mobilisation, commet un *deuxième délit d'insoumission* qui doit rester distinct du premier.

Prescription du délit d'insoumission.

La *prescription* contre l'action publique résultant de l'insoumission ne commence à courir que le jour où l'insoumis a atteint l'âge de *50 ans*. La prescription contre l'action publique en matière de délit étant de trois ans, ce n'est qu'à l'âge de *53 ans* que la prescription est acquise aux insoumis.

§ 10.

NON-DISPONIBILITÉ ET AFFECTATION SPÉCIALE.

Tableaux A, B, C.

Comme il importe de ne pas désorganiser, au moment de la mobilisation, différents services publics dont le fonctionnement présente un intérêt supérieur, la loi du 15 juillet 1889 dispense de répondre aux convocations par voie d'affiche certains personnels déterminés par les tableaux A, B, C, annexés à ladite loi (Voir les états A, B, C, à la fin du présent aide-mémoire).

Le tableau **A** comprend des *non-disponibles*, c'est-à-dire des réservistes et des territoriaux qui, par suite de leurs fonctions particulières, ne sont pas susceptibles de recevoir une affectation de guerre, et des hommes ayant une *affectation spéciale* (forestiers, douaniers, personnel de la télégraphie militaire, de la trésorerie et des postes aux armées, des sections de chemins de fer de campagne).

Les tableaux B et C ne comprennent que des non-disponibles.

L'administration des hommes classés dans la disponibilité ou dans l'affectation spéciale est centralisée, dans chaque région, par le commandant du bureau de recrutement *du chef-lieu*.

Classement dans la non-disponibilité ou dans l'affectation spéciale.

Le classement dans la non-disponibilité ou l'affectation spéciale ne peut être effectué que lorsque les intéressés occupent *depuis six mois au moins* les emplois qui motivent leur inscription sur les contrôles de ces catégories. Ces six mois sont comptés depuis la date de l'entrée en fonctions, lors même qu'elle serait antérieure à celle de l'origine du service militaire. Toutefois, les agents des postes et télégraphes déjà en fonction avant leur incorporation pour le service actif, et qui sont réintégrés dans leur emploi, sont classés dans la disponibilité ou l'affectation spéciale aussitôt après leur renvoi dans leurs foyers et sans attendre le délai de six mois.

Mutations des non-disponibles.

Les hommes qui passent d'une administration conférant le droit à la disponibilité ou à l'affectation spéciale dans une autre administration conférant ce même droit, conservent leur situation de non-disponibles ou d'affectation spéciale. La nouvelle administration adresse un *bulletin de mutation* au commandant de recrutement du *chef-lieu de la région*.

L'homme classé dans la non-disponibilité ou l'affectation spéciale reçoit, en échange de son livret individuel, un *certificat d'inscription*, par l'intermédiaire de l'administration à laquelle il est attaché. S'il perd ses droits à la position dont il s'agit, il doit remettre le certificat, *dans un délai de quatre jours*, au commandant de la gendarmerie de sa résidence.

Dispensés de l'art. 23 à classer dans la non-disponibité ou l'affectation spéciale.

Les dispensés de l'article 23 ne peuvent être inscrits sur les contrôles de la non-disponibilité ou de l'affectation spéciale qu'après avoir accompli les quatre semaines d'exercices auxquelles ils sont astreints pendant l'année qui précède leur passage dans la réserve.

Obligations des hommes portés sur les tableaux A, B et C.

Les obligations militaires du temps de paix des personnels des tableaux A, B, C, sont déterminées en principe par celles du temps de guerre.

Les hommes du *tableau A* classés dans la disponibilité sont dispensés des périodes d'exercices, ceux qui ont une affectation spéciale accomplissent des périodes d'exercices dans les corps spéciaux auxquels ils sont affectés.

Les hommes du *tableau B* sont dispensés de la période d'exercices qu'ils doivent accomplir dans l'armée territoriale; une partie d'entre eux sont également ment dispensés des périodes de la réserve.

Les hommes du *tableau C* n'accomplissent aucune période d'instruction ni dans la réserve ni dans l'armée territoriale.

(Voir plus loin les états A, B, C.)

Hommes rayés des contrôles de la non-disponibilité.

Tout homme qui est rayé des contrôles de la non-disponibilité est tenu d'accomplir *la dernière des périodes d'instruction* dont il avait été dispensé comme non-disponible. Toutefois, s'il appartient à une classe de l'armée territoriale dont tous les hommes ont déjà accompli leur période de deux semaines, il n'est appelé lui aussi *que pour deux semaines*, et, s'il appartient à la réserve de l'armée territoriale, il est considéré comme entièrement libéré de toute période, à l'exception des exercices auxquels il pourrait être astreint au cas où il serait affecté à la garde des voies de communication.

Les non-disponibles qui perdent cette situation avant que leur classe ait été convoquée pour sa première période dans la réserve, rentrent simplement dans le droit commun.

Les hommes classés dans l'affectation spéciale ou dans les non-disponibles sont affranchis des déclarations de changement de domicile et de résidence prescrites par la loi.

Non-disponibles appartenant aux services auxiliaires ou à la réserve de l'armée territoriale.

Ceux qui appartiennent aux services auxiliaires ou à la réserve de l'armée territoriale *sont dispensés des revues d'appel* passées pendant les opérations des conseils de revision.

§ 11.

SITUATIONS DIVERSES.

Hommes omis sur les tableaux de recensement.

Les hommes qui ont été *omis dans les tableaux de recensement* et qui ont dû être inscrits, conformément à la loi, sur les tableaux de recensement de la classe appelée après la découverte de l'omission, sont assujettis à toutes les obligations de cette dernière classe. Toutefois, ils sont libérés définitivement *à l'âge de 48 ans* au plus tard.

Mariages.

Peuvent se marier *sans autorisation* de l'autorité militaire tous les hommes de la disponibilité, de la réserve de l'armée active, de l'armée territoriale et de sa réserve, les ajournés et les hommes classés dans les services auxiliaires. Il leur suffit, pour justifier de leur droit, de présenter *leur livret individuel* au maire de la commune où ils doivent contracter mariage.

Réforme.

Les hommes appartenant à un titre quelconque à la disponibilité, à la réserve de l'armée active, à l'armée territoriale ou à sa réserve, qui, avant l'époque de leur libération, sont jugés *hors d'état de faire un service actif*, sont *réformés* et rayés du registre matricule du recrutement.

Les hommes qui se croient susceptibles d'être réformés doivent en *faire la déclaration* au commandant de la gendarmerie de leur domicile ou résidence, sans attendre l'époque des appels ou l'ordre de mobilisation. Ils ne sont pas tenus de faire connaître à ce moment la nature de l'affection dont ils sont atteints.

Les chefs de brigade transmettent les déclarations ou demandes au bureau de recrutement dont dépend le siège de la brigade, en les appuyant d'un *bulletin d'appréciation* et d'un *certificat* délivré, si c'est possible, par un *médecin militaire*. Si ce certificat émane d'un *médecin civil*, il doit être visé par le maire de la commune.

Le commandant de recrutement convoque devant la *Commission de réforme* les militaires qui lui paraissent susceptibles d'être réformés. *L'ordre de convocation* donne au titulaire le droit de voyager à prix réduit en chemin de fer et peut lui tenir lieu de feuille de route pour le retour dans ses foyers.

Changements d'arme pour inaptitude physique.

Les hommes qui, pour une cause physique, *ne sont plus aptes* à servir dans leur arme d'affectation, sont, sur leur demande, ou d'office, par ordre du général commandant la subdivision, convoqués devant la *Commission de réforme*, qui émet un avis au sujet de l'arme dans laquelle ces hommes seront susceptibles de rendre des services. Cet avis est transmis au général commandant le corps d'armée, qui statue.

Changements d'arme pour une autre cause que l'état physique.

Les changements d'armes pour une autre cause que l'état physique sont prononcés par le Ministre.

Médecins auxiliaires.

Les *officiers de santé* et les *étudiants en médecine* qui possèdent douze inscriptions valables pour le doctorat et qui appartiennent à la disponibilité, à la réserve ou à l'armée territoriale, peuvent être nommés à l'emploi de *médecin auxiliaire*, s'ils remplissent les conditions spéciales fixées par les règlements. La position de ces médecins militaires est celle d'adjudant élève d'administration des hôpitaux. Ils restent soumis à toutes les obligations des hommes de leur classe et sont affectés, dès le temps de paix, à un corps de troupes ou à une section d'infirmiers.

Sous-officiers retraités.

Les sous-officiers titulaires d'une pension proportionnelle ou de retraite sont, *pendant cinq ans*, à la disposition du Ministre de la guerre, qui peut leur donner des emplois dans la réserve de l'armée active, ou dans l'armée territoriale, ou dans le service de l'instruction militaire. Ils suivent ensuite le sort de la classe à laquelle ils appartiennent normalement. Ils peuvent être classés dans la non-disponibilité ou dans l'affectation spéciale.

Ces dispositions ne sont pas applicables aux sous-officiers retraités *pour blessures ou infirmités*, lesquels sont rayés définitivement des contrôles de l'armée, ni aux *sous-officiers de la gendarmerie*.

Membres du Parlement.

En temps de paix, les *membres du Parlement* ne peuvent faire aucun service militaire pendant les sessions, si ce n'est sur la demande du Ministre de la guerre, de leur propre consentement et après décision favorable de l'Assemblée à laquelles ils appartiennent.

En cas de *rappel de classes* ordonné par décret, le Ministre ferait connaître, au moment voulu, si les sénateurs et les députés appartenant aux classes convoquées devraient être compris dans les ordres de rappel.

Si l'*Assemblée nationale* vient à être convoquée, le service militaire des membres de cette Assemblée est *suspendu de plein droit* pendant la durée de la session. En conséquence, les sénateurs et les députés qui seraient présents sous les drapeaux à ce moment pour accomplir une période d'instruction, devraient être immédiatement renvoyés dans leurs foyers; leur période serait considérée comme accomplie.

Hommes des réserves en résidence dans les colonies françaises et les pays de protectorat.

D'après une entente établie entre les départements de la guerre et de la marine, les hommes des réserves (armées de terre et de mer) domiciliés ou résidant dans les colonies françaises et les pays de protectorat, *excepté l'Algérie et la Tunisie*, sont mis à la disposition de l'autorité militaire de la colonie. Cette mesure n'est pas applicable aux hommes classés dans la disponibilité ou dans l'affectation spéciale. L'autorité militaire affecte, dès le temps de paix, les hommes appartenant à l'armée de terre ou aux troupes coloniales aux détachements d'infanterie ou d'artillerie de marine en garnison dans la colonie, et les hommes provenant des équipages de la flotte à la force navale stationnée dans les eaux de cette colonie.

Les hommes dont il s'agit sont, au point de vue des périodes d'exercices, considérés comme *ajournés* jusqu'à leur rentrée en France.

§ 12.

DISPOSITIONS SPÉCIALES A LA GENDARMERIE

Obligations des militaires de la gendarmerie (réserves).

Les militaires de la gendarmerie qui, en quittant le service actif, n'ont pas entièrement satisfait à la loi de recrutement, restent soumis à toutes les obligations imposées aux hommes de la *classe de mobilisation* à laquelle ils appartiennent.

Les prescriptions relatives aux réservistes et aux territoriaux sont appplicables à ces militaires, sous la réserve des dispositions spéciales ci-après :

Gendarmes non pourvus du certificat de bonne conduite n° 1.

Le gendarme qui est libéré du service actif sans être pourvu du *certificat de bonne conduite n° 1* est affecté à un corps de troupes de l'arme à laquelle il était affecté avant son admission dans la gendarmerie.

Gendarmes pourvus du certificat n° 1.

Le gendarme qui est en possession de ce certificat au moment de sa libération du service actif, est affecté, comme *gendarme réserviste ou territorial*, à la légion de gendarmerie qui porte le numéro de la région de corps d'armée où il fixe son domicile.

Les gendarmes réservistes ou territoriaux sont généralement destinés, soit à remplacer dans les brigades les gendarmes appelés aux armées, soit à renforcer certains postes, soit à constituer au chef-lieu de la région des forces supplétives ou à fournir un appoint à d'autres régions. Dans tous les cas, ces militaires ne font pas de service à cheval.

Cassation, rétrogradation, etc.

Les règles précédemment définies pour la *rétrogradation* ou la *cassation* des gradés des différentes réserves sont applicables aux gendarmes réservistes ou territoriaux pourvus de grades. Toutefois la cassation ou la rétrogradation est prononcée par le Ministre, qui statue également sur le cas des gendarmes réservistes ou territoriaux proposés pour être réintégrés dans leur arme d'origine, comme s'étant rendus indignes de servir dans la gendarmerie.

Appels en temps de paix et en cas de mobilisation.

En temps de paix, les gendarmes réservistes et territoriaux susceptibles d'être appelés pour une période d'instruction sont convoqués au chef-lieu de la compagnie et y font le service; ils peuvent aussi être convoqués au poste auquel ils seraient affectés en temps de guerre.

En cas de mobilisation, ils se rendent directement, d'après les indications de leur ordre de route, soit au chef-lieu de la compagnie à laquelle ils sont attribués, soit, dans les régions frontières, au poste même qu'ils doivent occuper.

Gendarmes coloniaux.

Les *gendarmes coloniaux*, rentrant en France en quittant le service actif, reçoivent application de ces diverses dispositions.

Gendarmerie maritime.

Les hommes qui proviennent de la *gendarmerie maritime* sont affectés à un corps de l'arme à laquelle ils appartenaient avant leur admission dans la gendarmerie. Ils rentrent, conséquemment, dans le droit commun.

§ 13.

DISPOSITIONS SPÉCIALES A L'ALGÉRIE ET A LA TUNISIE.

Les règles générales exposées ci-dessus sont applicables aux hommes inscrits sur les tableaux de recensement dressés en Algérie, sous la réserve des dispositions particulières qui suivent :

Situation des hommes du contingent algérien.

Les hommes du *contingent algérien* sont, en principe,

envoyés dans la disponibilité après un an de présence sous les drapeaux ; ils passent ensuite dans les différentes réserves en même temps que les hommes de leur classe des contingents de la métropole et sont soumis aux mêmes obligations que ces derniers en temps de paix et en temps de guerre. Toutefois, *en cas de mobilisation*, les hommes valides appartenant aux contingents algériens qui ont terminé leurs vingt-cinq ans de service restent incorporés dans la réserve de l'armée territoriale, sans cependant pouvoir être appelés à servir hors de l'Algérie : ces hommes restent astreints aux obligations générales imposées aux territoriaux qui ne sont pas définitivement libérés; ils doivent notamment conserver leur livret et faire les déclarations prescrites en cas de changement de domicile ou de résidence.

Obligation de résider hors de France.

Les hommes qui n'ont fait *qu'un an de service actif* doivent s'abstenir de transporter leur établissement en France avant l'âge de *30 ans révolus*. Ceux qui enfreignent cette prescription sont astreints à compléter intégralement dans un corps de la métropole leur temps de *service actif;* ils ne peuvent néanmoins être maintenus sous les drapeaux au delà de l'âge de 30 ans révolus. Les hommes qui se trouvent dans cette situation irrégulière sont signalés au commandant de recrutement dont ils dépendent, par l'autorité militaire qui a pu la constater, et mis en demeure de revenir en Algérie. Celui qui n'obéit pas à cette injonction est immédiatement signalé au Ministre qui prescrit, s'il y a lieu, l'incorporation de l'homme dans un corps de la métropole.

Autorisation de séjour temporaire en France.

Des autorisations de *séjour temporaire* en France peuvent être accordées, sur leur demande, aux hommes des contingents algériens qui sont encore soumis à l'obligation de ne pas résider dans la métropole. La durée de ces séjours est limitée en principe à *six mois*, mais elle peut dépasser cette limite. Les autorisations sont renouvelables. Les intéressés adressent leurs demandes au commandant de recrutement dont ils dépendent, qui les transmet, accompagnées de son avis, à l'autorité militaire chargée de statuer (général commandant le 19ᵉ corps ou officiers généraux délégués par lui).

La loi laisse aux hommes des contingents algériens la faculté de transférer librement leur domicile ou leur résidence *dans tous les pays autres que la France*, sous la réserve des formalités prévues à la page 14.

Les disponibles et réservistes algériens qui, en vue de leur établissement ultérieur en France avant l'âge de 30 ans demandent à compléter dans un corps d'Algérie le temps de service actif auquel ils devraient être soumis après leur déplacement, peuvent y être autorisés par le général commandant le 19ᵉ corps ou ses délégués.

Dispensés des articles 21, 22 et 23 de la loi du 15 juillet 1889.

Les hommes du contingent algérien, dispensés en vertu des articles 21 (*aînés d'orphelins, fils de veuve, etc.*) et 22 (*soutiens de famille*) de la loi sur le recrutement, peuvent transporter leur résidence en France sans

4

autorisation, sous réserve d'en informer l'autorité militaire.

Les dispensés de l'article 23 (*dispenses universitaires, élèves ecclésiastiques, etc.*) sont autorisés à résider en France, mais ils demeurent assujettis à la période d'exercices de quatre semaines imposée aux hommes de cette catégorie.

Si les uns et les autres cessent de répondre aux conditions exigées pour continuer à bénéficier de la dispense, ils sont tenus de *terminer leurs trois années* de service actif, même s'ils se proposent de rentrer en Algérie.

Réservistes et territoriaux de France qui se fixent en Algérie.

Les dispositions spéciales concernant les contingents algériens ne sont pas applicables aux réservistes et aux territoriaux de la métropole qui viennent se fixer en Algérie par changement de domicile ou de résidence. Ces hommes restent soumis aux prescriptions générales de la loi.

Dispositions spéciales aux Français ou naturalisés résidant en Tunisie.

Les Français ou naturalisés Français *résidant en Tunisie* et appelés par leur âge à faire partie des contingents de la métropole sont, sur leur demande, admis à ne faire *qu'un an de service actif*, sous la condition d'être et de rester assujettis aux mêmes obligations que les hommes des contingents algériens.

En outre, ces mêmes hommes sont considérés, dès leur envoi dans la disponibilité, comme étant définitivement *fixés en Tunisie*, et administrés à ce titre par le bureau spécial chargé des réserves auprès de l'état-major de la division d'occupation.

Hommes des réserves de France ou d'Algérie qui s'établissent en Tunisie.

Les hommes des réserves domiciliés en France et qui vont se fixer en Tunisie font leur déclaration d'arrivée à la gendarmerie la plus proche de leur résidence dans le Protectorat. Trois mois après leur arrivée, ils sont considérés comme établis définitivement dans la Régence et traités comme s'ils avaient changé de domicile; les mêmes règles sont appliquées aux hommes des *contingents algériens* qui vont s'établir en Tunisie.

Les hommes des réserves fixés dans la Régence, quelle que soit leur origine, accomplissent leurs périodes d'instruction dans un des corps stationnés en Tunisie ou en Algérie.

§ 14.

DISPOSITIONS SPÉCIALES A L'ARMÉE DE MER

(ÉQUIPAGES DE LA FLOTTE).

Circonscriptions de réserve maritime.

Le territoire de la France est divisé, au point de vue de l'administration des disponibles et réservistes des *équipages de la flotte*, en cinq circonscriptions de réserve maritime, ayant chacune pour chef-lieu l'un

des cinq ports militaires et dont l'étendue est déter-
minée d'après les indications du tableau qui se trouve
à la page 88. L'Algérie constitue une sixième circonscription ayant pour chef-lieu Alger.

Administration des marins réservistes.

Dans chaque port, l'administration des *marins réservistes* de la circonscription est confiée au dépôt des
équipages de la flotte; pour l'Algérie, c'est le commissaire de l'Inscription maritime à Alger qui en est
chargé.

Dans les *subdivisions de région* territoriales, l'administration des réservistes des équipages de la flotte est
confiée aux commandants des bureaux de recrutement, agissant pour le compte du Ministre de la
marine.

Classement des marins congédiés.

Les marins provenant du recrutement ou de l'enga-
gement volontaire, qui, pour une cause quelconque,
sont congédiés avant d'avoir accompli trois ans de
service, sont placés dans la disponibilité jusqu'au jour
de leur passage dans la réserve; ceux qui sont congédiés après avoir accompli au moins trois ans de service, sont classés dans la réserve du jour de leur renvoi
dans leurs foyers.

Passage légal à l'armée de terre des marins réservistes.

Dix ans après la date initiale de leur service militaire, les réservistes des équipages de la flotte sont
versés dans l'armée de terre pour y accomplir leurs
trois dernières années de réserve, ainsi que leur ser-

vice dans *l'armée territoriale* et *la réserve* de cette armée. Par exception à la règle générale, les marins des équipages de la flotte domiciliés sur le territoire des *6ᵉ et 7ᵉ corps d'armée* sont affectés à l'armée de de terre dès leur congédiement. Ceux qui, par suite d'un changement de domicile, passent dans les *6ᵉ et 7ᵉ régions*, sont immédiatement versés dans l'armée de terre sans qu'ils puissent, au cas d'un nouveau déplacement, être réintégrés dans la réserve des équipages.

Disponibles, réservistes et territoriaux de l'armée de terre passant dans l'armée de mer.

Les disponibles, réservistes ou territoriaux de l'armée de terre qui se font inscrire provisoirement sur les registres de *l'Inscription maritime* continuent à appartenir à l'armée de terre et conservent leur affectation dans cette armée. S'ils obtiennent leur *inscription définitive* lorsqu'ils réunissent les conditions de navigation exigées par la loi, ils passent de l'armée de terre à *l'armée de mer*. La demande d'inscription définitive doit être appuyée d'une autorisation du général commandant la région du domicile, laquelle ne peut être accordée que sur le vu d'un certificat délivré par un commissaire de l'Inscription maritime. L'homme inscrit définitivement sur les *matricules des gens de mer* est désaffecté du corps auquel il comptait dans l'armée de terre et le commandant de recrutement lui fait retirer son livret individuel.

Réservistes de la marine qui demandent à passer dans l'armée de terre et réciproquement.

Les *préfets maritimes* émettent leur avis sur les

demandes des réservistes des équipages de la flotte qui sollicitent leur admission dans un corps de troupes de *l'armée de terre*. Par réciprocité, les généraux commandant les corps d'armée sont également appelés à donner leur avis sur les demandes des réservistes de l'armée de terre qui désirent entrer dans la *gendarmerie maritime* ou dans l'un des corps suivants : *pompiers de la marine, marins et mécaniciens vétérans, gardes-consignes, surveillants des prisons maritimes* et *agents du gardiennage*. En conséquence, tous ces candidats doivent se procurer, suivant le cas, le consentement de MM. les vice-amiraux commandant en chef, préfets maritimes, ou de MM. les généraux comdants de corps d'armée ; ce consentement est joint aux autres pièces composant le dossier.

Comme il a été dit plus haut, les réservistes de l'armée de terre ne peuvent être admis dans les équipages de la flotte qu'après avoir été autorisés à s'y présenter par les généraux commandant les corps d'armée.

Punitions des marins réservistes.

Le mode de répression des infractions commises par les réservistes de l'armée de terre est applicable aux disponibles et aux réservistes des équipages de la flotte.

Cassation des officiers-mariniers, quartiers-maîtres et marins.

Les mesures prises pour la *cassation* des sous-officiers, caporaux, brigadiers de la disponibilité et de la réserve de l'armée de terre, sont applicables, sauf la modification ci-après, aux *officiers-mariniers, quartiers-maîtres* et *marins* des équipage de la flotte, classés dans la disponibilité ou dans la réserve de l'armée de mer.

Le général commandant le corps d'armée transmet le rapport de la gendarmerie et, s'il y a lieu, la plainte en cassation, au *vice-amiral* commandant en chef, préfet maritime, qui statue ou fait statuer, suivant les cas.

Réforme ou inaptitude au service de mer.

Les marins réservistes ou disponibles qui, avant l'époque de leur libération définitive du service de mer, sont atteints de blessures ou d'infirmités les rendant impropres à ce service, sont *réformés*, ou déclarés exclusivement utilisables dans un service de la *marine à terre*. L'instruction de ces affaires a lieu conformément aux dispositions arrêtées par le Ministre de la marine.

Les marins disponibles ou réservistes qui ont à faire valoir des infirmités de nature à motiver la *réforme* ou l'*inaptitude* au service de mer doivent en faire immédiatement la déclaration. Ceux qui habitent un *port militaire* remettent leur demande au commandant du dépôt des équipages de la flotte. Ceux qui résident dans une *localité maritime autre* qu'un port militaire adressent leur demande au commissaire du quartier, qui la transmet, avec une enquête sommaire, appuyée d'un *certificat médical*, au commandant du dépôt des équipages de la flotte. Ceux qui résident dans une localité où l'autorité maritime *n'est pas représentée* font leur déclaration au commandant de la brigade de gendarmerie qui la transmet, avec l'enquête et le certificat susmentionné et par l'intermédiaire du commandant du bureau de recrutement, au commandant du dépôt des équipages de la flotte dont dépend l'homme, ou à celui de Toulon pour les hommes fixés en Algérie. Enfin, ceux qui résident dans les départements *de la Seine et de Seine-et-Oise* adressent leur demande au Ministre de la marine, sous le timbre : *Direction du personnel, Bureau des équipages de la flotte*.

La commission de réforme du port, à qui ces certificats et enquêtes sont remis, exprime son avis sur la question de savoir si le marin doit être dirigé sur le port pour être soumis à son examen, ou s'il peut être visité à domicile.

Demandes des marins réservistes ou disponibles.

Les mesures relatives aux demandes faites par les disponibles, réservistes et territoriaux de l'armée de terre sont applicables aux hommes de l'armée de mer ; mais dès qu'elles sont parvenues aux autorités militaires, ces demandes doivent toujours être transmises par leurs soins aux *vice-amiraux*, préfets maritimes, ou au contre-amiral commandant la marine en Algérie, qui y donnent la suite qu'elles comportent.

Dispenses et ajournements pour les périodes d'instruction.

Les *dispenses* à titre de soutien de famille et les *ajournements* sont accordés aux marins réservistes convoqués pour une période d'instruction, par les préfets maritimes et le contre-amiral commandant la marine en Algérie. Les dispenses sont accordées à raison de

6 p. 100 et les ajournements à raison de *10 p. 100* sur l'ensemble de la circonscription de réserve maritime.

Demandes de dispense.

Les *demandes de dispense* sont remises par les intéressés au maire de la commune du domicile, appuyées : 1º d'un relevé des contributions payées par la famille, certifié par le percepteur; 2º d'un certificat nº 5 *bis* (voir le modèle aux annexes). Elles sont instruites dans la même forme que pour l'armée de terre et adressées au *préfet maritime* de la circonscription ou au contre-amiral commandant la marine en Algérie, qui statue.

Sont dispensés de la 1re période d'exercices les marins réservistes qui ont fait quatre ans de services effectifs, et de la 2e période, ceux qui ont accompli sept années au moins de services effectifs.

Demandes d'ajournement.

Les *demandes d'ajournement* sont remises aux commandants de recrutement par l'intermédiaire de la gendarmerie et transmises, *quinze jours au plus tard* avant l'appel, aux préfets des arrondissements maritimes ou au contre-amiral commandant la marine en Algérie, qui statuent.

Les marins réservistes auxquels des ajournements ont été accordés doivent accomplir leur période d'exercices lors de la convocation normale de l'année suivante; ils se mettent en route au vu de l'affiche de convocation. Toutefois ceux qui se trouveraient gravement lésés par l'application de cette règle, peuvent, en sollicitant un ajournement, demander à accomplir leur période du premier lundi d'octobre de l'année en cours au quatrième dimanche suivant. L'avis de dispense ou d'ajournement est donné aux intéressés, s'il y a lieu, comme dans l'armée de terre ; ceux qui sont ajournés au mois d'octobre reçoivent en même temps un ordre d'appel pour cette époque. Quant aux hommes qui doivent passer l'année suivante dans *l'armée de terre*, ils font leur période dans un corps de cette armée et sont rappelés par les soins des commandants de recrutement.

Les dispositions relatives aux ajournements des hommes de l'armée de terre, fixés ou voyageant *hors de France*, sont applicables aux réservistes de l'armée de mer.

Appel des marins réservistes pour une période d'instruction.

L'appel des réservistes des équipages de la flotte pour une *période d'exercices*, s'effectue par *ordres individuels* adressés aux hommes en temps utile.

Lieu de convocation.

Aux jour et heure fixés, les marins réservistes des classes appelées se présentent au bureau de recrutement de la subdivision de région de leur domicile. Par exception, les hommes des subdivisions de *Cherbourg, Saint-Lô, Granville, Brest, Quimper, Lorient, Vannes, Nantes, Ancenis, La Rochelle, Saintes, Toulon, Avignon, Marseille, Digne* et *Antibes* rejoignent *directement* leur corps d'affectation. Les réservistes d'Algérie rallient directement, à moins d'indication contraire, celui des ports d'*Alger*, *Bone*, *Philippeville*, *Oran*, le plus à proximité de leur résidence, et s'y présentent au commissaire de l'Inscription maritime.

Les réservistes qui, au moment de l'appel, ne se trouvent pas dans la subdivision de leur domicile rallient directement et sans intervention de l'autorité militaire, *le port de concentration* indiqué sur *l'ordre individuel*. S'ils ont fait les déclarations prescrites, ils doivent se mettre en route le premier jour de l'appel, dans la matinée; s'ils sont absents irrégulièrement, ils sont traités comme s'ils n'avaient pas quitté leur domicile ou leur résidence.

Dispositions diverses relatives aux appels des marins réservistes

Le droit des hommes convoqués au *transport à prix réduit* sur les voies ferrées est réglé d'après les mêmes principes que pour l'armée de terre.

La *visite médicale* lors de l'arrivée à la première destination a également lieu dans les mêmes conditions que pour cette armée.

Les détachements dirigés des bureaux de recrutement sur les corps d'affectation devant être conduits par des gradés réservistes, tout réserviste gradé de l'armée de mer est tenu de se présenter en cas d'appel, *revêtu de l'uniforme* réglementaire avec insignes de grade; ceux qui se conforment à cette prescription ont droit à une indemnité pécuniaire.

Les *indemnités de route* (indemnité kilométrique et indemnité journalière) sont payées aux ayants droit à l'arrivée à leur première destination, c'est-à-dire, soit par le dépôt, lorsqu'ils rejoignent directement le port de concentration, soit par les soins du commandant de recrutement dans le cas contraire.

Le réserviste qui, devant rejoindre le bureau de recrutement, s'est rendu directement et sans autorisation spéciale au corps auquel il est affecté, est *puni pour cette infraction*, mais il a droit à l'indemnité de route.

A la fin de la période d'exercices, les marins réservistes sont payés par les soins du dépôt des sommes auxquelles ils ont droit à titre d'indemnité de route pour rentrer dans leurs foyers, et sont renvoyés isolément, l'*ordre individuel* ou la *feuille spéciale* aux appels leur tenant lieu de feuille de route.

Les prescriptions relatives au retour (*localité, délais de route, réservistes malades*, etc.) sont les mêmes que pour l'armée de terre.

Appel des marins réservistes en cas de mobilisation.

Au cas d'une *mobilisation générale*, les affiches apposées par le *département de la guerre* comprennent les équipages de la flotte. En cas de *mobilisation partielle* visant la réserve de ces équipages, les hommes qui en font partie sont rappelés par *ordres individuels*. Le mode de concentration dans les deux cas est le même que dans celui d'appel pour exercices. Toutefois, au lieu de voyager à prix réduit, les hommes mobilisés sont *transportés gratuitement* de la station de chemin de fer la plus rapprochée du point où ils se trouvent jusqu'à leur première destination (bureau de recrutement ou port d'affectation).

Les hommes qui, lors d'une mobilisation, se trouveraient *hors de leur domicile* ou résidence légale, sans être munis de leur livret individuel ou du récépissé qui en tient lieu, devraient se présenter sans retard : dans les villes de garnison, à un *bureau militaire* constitué par le commandant d'armes; dans les villes sans garnison, au *commissaire de surveillance administrative* de la gare ou, à son défaut, au *maire* de la commune la plus voisine. Ils trouveraient d'ailleurs à ce moment dans les gares des *affiches* donnant toutes les indications nécessaires.

Délit d'insoumission.

La définition du délit d'insoumission pour les marins réservistes est la même que pour les réservistes et territoriaux de l'armée de terre (page 46). Sa constatation a lieu d'après des règles analogues.

§ 15.

DISPOSITIONS SPÉCIALES AUX TROUPES COLONIALES.

———

Circonscriptions de réserve des troupes coloniales.

Au point de vue de l'administration des disponibles et réservistes des *troupes coloniales*, le territoire français est divisé :

Pour l'*infanterie de marine,* en quatre circonscriptions ayant pour chefs-lieux *Cherbourg, Brest, Rochefort* et *Toulon.* Dans chacun de ces ports sont stationnés deux régiments d'infanterie de marine.

Pour les *régiments d'artillerie* et les *compagnies*

d'ouvriers d'artillerie de marine, en cinq circonscriptions ayant pour chefs-lieux *Cherbourg*, *Brest*, *Lorient*, *Rochefort* et *Toulon*. Dans chacun de ces ports sont stationnés un régiment ou une fraction de régiment d'artillerie de marine et une compagnie d'ouvriers d'artillerie de marine. (Voir les deux tableaux placés aux annexes.)

Classement des réservistes provenant de l'armée coloniale.

Les règles applicables aux hommes de l'armée de terre pour le passage dans la disponibilité et la réserve sont applicables aux militaires de l'armée coloniale.

Ceux-ci, au moment où ils sont congédiés, sont affectés en principe aux corps de troupes de cette armée stationnés dans la circonscription de réserve de leur domicile. Par exception, sont *versés dans l'armée de terre* et rayés définitivement des contrôles de l'armée coloniale, même en cas de déplacement ultérieur : 1º les disponibles et réservistes des troupes coloniales qui se fixent en *Algérie*, en *Tunisie* ou en *Corse* ; 2º les disponibles et réservistes de l'infanterie de marine domiciliés sur le territoire des *6ᵉ, 7ᵉ et 8ᵉ corps d'armée* (y compris la portion du Rhône affectée au 7ᵉ corps), ainsi que ceux de ces hommes qui, par suite de *changement de domicile*, passent dans l'une des subdivisions de ce territoire.

Administration des disponibles et réservistes coloniaux.

Les disponibles et réservistes coloniaux sont administrés : dans les *ports militaires*, par les régiments d'infanterie, d'artillerie de marine ou les compagnies d'ouvriers; dans les *subdivisions de région*, par les commandants des bureaux de recrutement, qui correspondent à ce sujet avec les corps de troupes ci-dessus.

Dispositions diverses communes aux réservistes des équipages de la flotte et à ceux des troupes coloniales.

Les dispositions adoptées pour les réservistes des équipages de la flotte sont applicables aux hommes des troupes coloniales, en ce qui concerne notamment :

Les réservistes qui demandent à entrer dans un corps de troupes de l'armée de terre, et réciproquement ;

La cassation des sous-officiers, brigadiers et caporaux ;

Les dispenses de périodes d'exercices et ajournements ;

La réforme, à cela près que les réservistes coloniaux qui habitent une localité *autre qu'un port militaire* doivent toujours faire leur déclaration au commandant de la brigade de gendarmerie ;

Le cas de mobilisation générale et de mobilisation partielle ;

Les appels en temps de paix pour une période d'exercices. — Toutefois, les réservistes d'infanterie de marine domiciliés dans les subdivisions de *Lorient, Vannes, Nantes* et *Ancenis*, qui appartiennent à la circonscription de réserve de *Brest*, rentrent dans la règle commune et doivent se présenter au bureau de recrutement. Ceux qui dépendent des bureaux de recrutement *de la Seine* et qui sont affectés aux bataillons de cette arme mobilisés dans le *gouvernement de Paris* rejoignent, lors des appels du temps de paix

et en cas de mobilisation, les casernements occupés
par les bataillons d'infanterie de marine stationnés à
Paris.

Passage légal des hommes de l'armée coloniale à l'armée de terre.

Au moment de leur passage dans l'armée territoriale, c'est-à-dire à l'expiration de leur treizième année
de service, tous les hommes de l'armée coloniale sont
rayés des contrôles de cette armée et passent dans
l'armée de terre.

ANNEXES

ÉTAT A.

Personnel placé sous les ordres des Ministres de la guerre et de la marine ou mis à leur disposition à la mobilisation.

MINISTÈRES OU SERVICES.	DÉSIGNATION DES FONCTIONS.
(*a*) **Personnels classés dans l'affectation spéciale et qui accomplissent leurs périodes d'instruction dans les corps spéciaux auxquels ils sont affectés.**	
SERVICE DES FORÊTS...	Agents et préposés organisés militairement.
SERVICE DES DOUANES..	Douaniers (bataillons, compagnies et sections).
POSTES ET TÉLÉGRAPHES	Personnel de la télégraphie militaire, de la trésorerie et des postes aux armées.
CHEMINS DE FER.......	Personnel des sections de chemins de fer de campagne.
(*b*) **Personnels classés dans la non-disponibilité et dispensés des périodes d'exercices.**	
MINISTÈRE DE LA GUERRE	Employés titulaires de l'Administration centrale, classés non-disponibles en vertu d'un ordre du Ministre. — Employés des manufactures d'armes et poudreries, gardiens de batteries auxiliaires, etc., classés non-disponibles en vertu d'un ordre du général commandant le corps d'armée.
MINISTÈRE DE LA MARINE	Employés titulaires et agents de l'Administration centrale, classés non-disponibles en vertu d'un ordre du Ministre. — Fonctionnaires ou agents des établissements de la marine; personnel employé aux travaux dans les ports, arsenaux, établissements, classé non-disponible en vertu d'un ordre du préfet maritime. — Fonctionnaires ou agents des établissements de la marine aux colonies; personnel employé aux travaux, classé non-disponible en vertu d'un ordre du directeur de l'établissement.

ÉTAT A (*suite*).

MINISTÈRES OU SERVICES.	DÉSIGNATION DES FONCTIONS.
MINISTÈRE DES COLONIES.............	Fonctionnaires de l'Administration coloniale classés non-disponibles en vertu d'un ordre du Ministre des colonies.
MINISTÈRE DE L'INTÉRIEUR.............	Sapeurs-pompiers des places de guerre désignées par des instructions ministérielles spéciales, *n'appartenant plus à la réserve de l'armée active.* Cantonniers *n'appartenant plus à la réserve de l'armée active.* Médecins et chirurgiens des hospices ; médecins, chirurgiens, pharmaciens, internes des services pénitentiaires, maisons centrales, pénitenciers.
MINISTÈRE DES TRAVAUX PUBLICS.	Conducteurs et commis des ponts et chaussées non pourvus du grade d'officier et nominativement désignés par le Ministre des travaux publics. — Officiers de port : maîtres de port ; maîtres et gardiens de phares ; gardes de navigation ; barragistes ; éclusiers ; pontiers ; gardiens des barrages réservoirs ; mécaniciens des usines élévatoires ; cantonniers *n'appartenant plus à la réserve de l'armée active.* Contrôleurs des mines non pourvus du grade d'officier.
POSTES ET TÉLÉGRAPHES	Personnel des postes et télégraphes non classé dans l'affectation spéciale.
COMPAGNIES DE CHEMINS DE FER (Nord, Est, P.-L.-M., Midi, Orléans, Ouest, État)..	Administration centrale : direction ; secrétariat général ; secrétariat du Conseil d'administration ; comptabilité générale ; économat. Service central de l'exploitation : secrétariat ; bureaux du personnel, du mouvement, de la comptabilité, des recettes et dépenses, de la statistique, des réclamations ; service commercial, bureaux de ville ; inspections principales et inspections ; agents commerciaux.

ÉTAT A (*suite*).

MINISTÈRES OU SERVICES.	DÉSIGNATION DES PERSONNELS.
CHEMINS DE FER (*suite*).	Agents du service des gares et des trains. Matériel et traction : service central ; traction ; matériel roulant ; magasins ; ateliers (y compris les ouvriers non classés, employés à titre permanent). Service central de la voie ; entretien et surveillance de la voie.
COMPAGNIES DE CHEMINS DE FER SECONDAIRES.	Agents classés non-disponibles en vertu d'un ordre du Ministre de la guerre, sur la proposition du président du conseil d'administration des compagnies.

(c) Personnels rentrant dans le droit commun.

MINISTÈRE DE LA MARINE	Mécaniciens gradés de la flotte, quel que soit l'emploi qu'ils occupent (ce personnel est toutefois dispensé des périodes d'exercices à accomplir *dans la réserve*).
MINISTÈRE DES TRAVAUX PUBLICS.............	Commissaires de surveillance administrative des chemins de fer.
COMPAGNIES DE CHEMINS DE FER (Nord, Est, P.-L.-M., Midi, Orléans, Ouest, État)..	Agents provenant du 5e régiment du génie, quel que soit leur emploi dans les chemins de fer, jusqu'au moment de leur passage dans l'armée territoriale. Garçons de bureau de l'Administration centrale.

ÉTAT B.

Fonctionnaires et agents des services publics qui, en cas de mobilisation, sont autorisés à ne pas rejoindre immédiatement « quand ils n'appartiennent pas à la réserve de l'armée active ».

MINISTÈRES ou ADMINISTRATIONS.	DÉSIGNATION des FONCTIONNAIRES ET AGENTS.
	(*a*) **Fonctionnaires et agents dispensés de toute période d'exercices en temps de paix.**
ADMINISTRATION DU SÉNAT ET DE LA CHAMBRE DES DÉPUTÉS........	Secrétaires généraux. Chefs de service.
ADMINISTRATION DES CONTRIBUTIONS DIRECTES...........	Directeur général ; administrateurs ; chefs de bureau ; directeurs ; inspecteurs ; premiers commis de direction ; agents des Contributions directes comptables d'une caisse en Algérie.
ENREGISTREMENT, DOMAINES ET TIMBRE...	Directeur général ; administrateurs ; chefs de bureau ; directeurs ; inspecteurs ; conservateurs des hypothèques.
ADMINISTRATION DES DOUANES...........	Directeur général ; administrateurs ; chef de bureau ; directeurs ; inspecteurs ; sous-inspecteurs.
CONTRIBUTIONS INDIRECTES (France) ET CONTRIBUTIONS DIVERSES (Algérie).	Directeur général ; administrateurs ; chefs de bureau ; directeurs ; sous-directeurs chefs de service dans un arrondissement ; inspecteurs ; receveurs principaux ; receveurs particuliers ; entreposeurs ; contrôleurs ; receveurs ambulants ; receveurs buralistes.
MONNAIES ET MÉDAILLES	Directeur général ; caissier agent comptable ; contrôleur principal.
MINISTÈRE DE L'INTÉRIEUR............	Administration centrale : directeurs et chefs de bureau. Directeurs et médecins en chef des établissements de bienfaisance.

ÉTAT B (*suite*).

MINISTÈRES ou ADMINISTRATIONS.	DÉSIGNATION des FONCTIONNAIRES ET AGENTS.
MINISTÈRE DE L'INTÉRIEUR (*suite*).......	Économes des mais. centrales et pénitenciers. Commissaires de police divisionnaires ; commissaires spéciaux de police ; inspecteurs spéciaux de police. Préfets, sous-préfets et secrétaires généraux ; chefs de division de préfecture ; inspecteurs des enfants assistés ; chef du bureau militaire de préfecture ; agents voyers en chef et d'arrondissement ; directeurs et médecins titulaires des asiles publics d'aliénés. Secrétaires chefs du bureau militaire des mairies des chefs-lieux de département, d'arrondissement et des communes autres que ces chefs-lieux qui ont plus de 4,000 habitants ; receveurs et préposés en chef d'octroi ; commissaires de police ; sergents de ville ou gardiens de la paix ; gardes champêtres.
SERVICES SPÉCIAUX DE LA VILLE DE PARIS..	Directeurs, receveurs et économes des hôpitaux et hospices. Directeur et chefs de division de l'Administration de l'Assistance publique ; inspecteurs des enfants assistés. Directeurs et chefs de bureau de la Préfecture de la Seine ; secrétaires chefs de bureau des mairies des vingt arrondissements de Paris. Chefs de division et chefs de bureau de la Préfecture de police ; chef et chef adjoint de la police municipale ; inspecteurs divisionnaires ; officiers de paix ; inspecteurs de police ; secrétaires des commissariats de police ; inspecteurs de commissariats ; contrôleurs de services extérieurs ; gardiens de la paix ; sergents de ville des communes suburbaines.

ÉTAT B (*suite*).

MINISTÈRES ou ADMINISTRATIONS.	DÉSIGNATION des FONCTIONNAIRES ET AGENTS.
ADMINISTRATION DE L'ALGÉRIE.........	Secrétaire général du gouvernement ; chefs de bureau du gouvernement général ; administrateurs des communes mixtes.
LYCÉES ET COLLÈGES DE L'ÉTAT...........	Proviseurs et principaux.
ADMINISTRATION DES CULTES...........	Directeurs ; chefs de bureau ; curés, desservants, pasteurs et rabbins chargés d'une paroisse ; vicaires recevant à ce titre une allocation de l'Etat ; aumôniers des lycées, des hôpitaux, des prisons et établissements pénitentiaires.
MINISTÈRE DES AFFAIRES ÉTRANGÈRES........	Administration centrale : directeurs, sous-directeurs, chefs de division et de bureau. Ambassadeurs ; ministres plénipotentiaires ; conseillers d'ambassade ; consuls généraux et consuls ; vice-consuls rétribués ; secrétaires d'ambassade, 1re, 2e et 3e classes ; consuls suppléants ; chanceliers ; commis de chancellerie ; interprètes et drogmans. Pays de protectorat : résidents généraux ou supérieurs ; résidents, vice-résidents ; chanceliers et commis de résidence.
MINISTÈRE DE LA JUSTICE	Directeurs et chefs de bureau.
MINISTÈRE DE L'AGRICULTURE..........	Directeurs ; chefs de bureau ; directeurs des écoles vétérinaires ; directeurs et gagistes des dépôts d'étalons.

(*b*) **Fonctionnaires et agents dispensés seulement de la période d'exercices de l'armée territoriale.**

ADMINISTRAT. DU SÉNAT ET DE LA CHAMBRE DES DÉPUTÉS.......	Chefs adjoints ou sous-chefs de service.

ÉTAT B (*suite*).

MINISTÈRES ou ADMINISTRATIONS.	DÉSIGNATION des FONCTIONNAIRES ET AGENTS.
MINISTÈRE DES FINANCES	Administration centrale : secrétaire général ; directeur général de la comptabilité publique ; directeur ; chef de la division du contentieux ; caissier payeur central du Trésor ; payeur central de la Dette publique ; contrôleur central ; chefs de bureau ; contrôleur spécial près le receveur central de la Seine. Inspecteurs généraux des finances ; inspecteurs et adjoints à l'inspection. Trésoriers-payeurs généraux ; receveurs particuliers ; percepteurs ; un fondé de pouvoir de chaque trésorier-payeur général, désigné par le Ministre des finances. Trésoriers-payeurs, payeurs particuliers et payeurs adjoints (Afrique, Cochinchine et Tonkin).
MANUFACTURES DES TABACS...............	Directeur général ; administrateurs ; chefs de bureau ; directeurs ; contrôleurs des manufactures ; inspecteurs ; entreposeurs des tabacs en feuilles ; vérificateurs et commis de culture.
BANQUE DE FRANCE....	Gouverneurs ; sous-gouverneurs ; secrétaire général ; contrôleur ; caissier principal ; caissiers particuliers et sous-caissiers ; chefs de bureau ; inspecteurs ; ouvriers de l'imprimerie des billets ; directeurs et caissiers des succursales ou des bureaux auxiliaires.
BANQUE D'ALGÉRIE....	Directeur ; sous-directeur ; secrétaire général ; inspecteur ; caissier principal ; chefs de bureau ; directeurs des succursales ; caissiers.
CAISSE DES DÉPÔTS ET CONSIGNATIONS......	Directeur général ; chefs de division ; caissier général ; chefs de bureau.

ÉTAT B (*suite*).

MINISTÈRES ou ADMINISTRATIONS.	DÉSIGNATION des FONCTIONNAIRES ET AGENTS.
MINISTÈRE DE L'INTÉRIEUR............	Contrôleurs, agents comptables et commis greffiers des services pénitentiaires. Contrôleurs et sous-contrôleurs, conducteurs et gardes cantonniers du Service des eaux de la Ville de Paris.
MINISTÈRE DES TRAVAUX PUBLICS............	Administration centrale : directeurs et chefs de bureau. Personnel sédentaire des chemins de fer : contentieux, service des titres.
MINISTÈRE DE L'INSTRUCTION PUBLIQUE......	Administration centrale : directeurs, chefs de bureau. Directeurs des écoles normales primaires.
MINISTÈRE DE LA JUSTICE	Procureurs généraux et procureurs de la République. Dans chaque tribunal de 1re instance, parmi les magistrats inamovibles composant ce tribunal, les deux magistrats appartenant aux classes de mobilisation les plus anciennes, dans le cas où leur maintien serait indispensable pour que le tribunal ne soit pas réduit à moins de deux juges ; dans les tribunaux d'Algérie et des colonies, deux magistrats.
MINISTÈRE DU COMMERCE	Directeurs et chef de division de la comptabilité. Chefs de bureau.

ÉTAT C.

Fonctionnaires et agents qui, en cas de mobilisation, sont autorisés à ne pas rejoindre immédiatement, « même quand ils appartiennent à la réserve de l'armée active » (ces personnels sont dispensés en temps de paix de toute période d'exercices).

MINISTÈRES ou ADMINISTRATIONS.	DÉSIGNATION des FONCTIONNAIRES ET AGENTS.
MINISTÈRE DES FINANCES	Commis de trésorerie d'Afrique, de Cochinchine et du Tonkin. Sous-inspecteurs et receveurs de l'enregistrement, des domaines et du timbre. Receveurs, contrôleurs, vérificateurs et vérificateurs adjoints, commis principaux et commis de direction (d'un traitement supérieur à 1900 fr.) de l'Administration des douanes. Commis principaux, commis et préposés des Contributions indirectes (France) et des contributions diverses (Algérie).
MINISTÈRE DE L'INTÉRIEUR (Services pénitentiaires, maisons centrales, pénitenciers)	Directeurs ; greffiers ; gardiens ou surveillants ; gardien comptable en chef, gardiens comptables et seconds gardiens des transports cellulaires ; gardiens-chefs des prisons annexes de l'Algérie.

TABLEAU

indiquant la répartition des départements entre six circonscriptions formées
pour l'administration des réservistes des équipages de la flotte.

1re CIRCONSCRIP-TION.	2e CIRCONSCRIP-TION.	3e CIRCONSCRIP-TION.	4e CIRCONSCRIP-TION.	5e CIRCONSCRIP-TION.	6e CIRCONSCRIP-TION.
Port chef-lieu :	Port chef-lieu :	Port chef-lieu :	Port chef-lieu :	Port chef-lieu :	Port chef-lieu :
CHERBOURG.	BREST.	LORIENT.	ROCHEFORT.	TOULON.	ALGER.
Départements compris dans la circonscription.	Départements compris dans la circonscription.	Départements compris dans la circonscription.	Départements compris dans la circonscription.	Départements compris dans la circonscription.	Départements compris dans la circonscription.
Aisne.	Côtes-du-Nord (3).	Cher.	Charente.	Ain.	l'Algérie.
Ardennes.	Eure-et-Loir.	Indre.	Charente-Inférieure.	Allier.	
Aube.	Finistère.	Indre-et-Loire (5).	Corrèze.	Alpes-Maritimes.	
Calvados.	Ille-et-Vilaine (4).	Loire-Inférieure.	Creuze.	Ardèche.	
Côtes-du-Nord (1).	Mayenne.	Loiret.	Deux-Sèvres.	Ariège.	
Eure.	Orne.	Loir-et-Cher.	Dordogne.	Aude.	
Ille-et-Vilaine (2).	Sarthe.	Maine-et-Loire.	Haute-Vienne.	Aveyron.	
Manche.		Morbihan.	Indre-et-Loire (7).	Basses-Alpes.	
Marne.		Nièvre.	Vendée.	Basses-Pyrénées.	
Meurthe-et-Moselle.		Vienne (6).	Vienne (8).	Bouches-du-Rhône.	
Meuse.		Yonne.		Cantal.	
Nord.				Corse.	
Oise.				Côte-d'Or.	
Pas-de-Calais.				Doubs.	
Seine.				Drôme.	
Seine-et-Marne.				Gard.	
Seine-et-Oise.				Gers.	
Seine-Inférieure.				Gironde.	

				Toute
Somme.				Hautes-Alpes.
Vosges.				Haute-Garonne.
				Haute-Loire.
				Haute-Marne.
				Hautes-Pyrénées.
				Haute-Saône.
				Haute-Savoie.
				Hérault.
				Isère.
				Jura.
				Landes.
				Loire.
				Lot.
				Lot-et-Garonne.
				Lozère.
				Puy-de-Dôme.
				Pyrénées-Orientales.
				Rhône.
				Saône-et-Loire.
				Savoie.
				Tarn.
				Tarn-et-Garonne.
				Territoire de Belfort
				Var.
				Vaucluse.

(1) Moins les arrondissements de Guingamp et de Lannion.
(2) Seulement en ce qui concerne l'arrondissement de Saint-Malo.
(3) Seulement en ce qui concerne les arrondissements de Guingamp et de Lannion.
(4) Moins l'arrondissement de Saint-Malo.
(5) Moins l'arrondissement de Chinon, à l'exception des cantons de Langeais et de Bourgueil.
(6) Seulement en ce qui concerne l'arrondissement de Montmorillon.
(7) Seulement en ce qui concerne l'arrondissement de Chinon, moins les cantons de Langeais et de Bourgueil.
(8) Moins l'arrondissement de Montmorillon.

Tableau des circonscriptions de réserve des troupes coloniales.

A. — INFANTERIE DE MARINE.

PORTS DE GUERRE à rejoindre.	RÉGIMENTS D'INFANTERIE DE MARINE stationnés dans le port.	SUBDIVISIONS DE RÉGION ALIMENTANT LES RÉGIMENTS d'infanterie de marine stationnés dans chaque port.	OBSERVATIONS.
CHERBOURG..	1er et 5e régiments....	1re région (8 subdivisions). 2e région (8 subdivisions, portion de Seine (1) (4), portion de Seine-et-Oise). 3e région (8 subdivisions, portion de Seine-et-Oise). 4e région (portion de Seine-et-Oise). 5e région (Fontainebleau, Melun, Coulommiers, portion de Seine-et-Oise). 6e région (2) (portion de Seine) (4) (8). 10e région (Cherbourg, Granville, Saint-Lô). ⟨ 4e région (8 subdivisions). 5e région (Sens, Auxerre, Montargis, Blois, Orléans, portion de Seine) (4) (7).	(1) Les disponibles et réservistes de la Seine provenant de l'infanterie de marine sont affectés à un des bataillons relevant de ce port qui se mobilisent à Paris. (2) Les disponibles et réservistes provenant de l'infanterie de marine domiciliés sur les territoires des 6e, 7e et 8e corps d'armée (y compris la portion du Rhône affectée au 7e corps d'armée), sont affectés à la réserve de l'armée de terre dès leur libération du service actif. (3) Les disponibles et réservistes provenant de l'infanterie de marine domiciliés en Algérie, en Tunisie et en Corse sont affectés à l'armée de terre dès le temps de paix. (4) 1er bureau-annexe de la Seine, 10e, 19e et 20e arrondissements, cantons de Saint-Denis, Saint-Ouen, Aubervilliers, Pantin et Noisy-le-Sec. (5) 2e bureau-annexe de la Seine, 1er, 7e, 15e et 16e arrondissements, can-

BREST......	2e et 6e régiments....	9e région (Châteauroux, Le Blanc, Tours, Angers, Cholet). 10e région (Guingamp, Saint-Brieuc, Rennes, Vitré, Saint-Malo). 11e région (8 subdivisions).	tons de Courbevoie, Puteaux, Asnières, Neuilly, Boulogne, Levallois-Perret et Clichy. (6) 3e bureau-annexe de la Seine, 4e, 5e, 6e, 13e et 14e arrondissements, cantons de Sceaux, Vanves, Villejuif et Ivry.
ROCHEFORT..	3e et 7e régiments....	3e région (portion de Seine) (4) (5). 4e région (portion de Seine) (4) (6). 9e région (Parthenay, Poitiers, Châtellerault). 12e région (8 subdivisions). 17e région (8 subdivisions). 18e région (8 subdivisions).	(7) 4e bureau-annexe de la Seine, 2e, 3e, 11e et 12e arrondissements, cantons de Charenton, Nogent-sur-Marne, Saint-Maur, Vincennes et Montreuil. (8) 6e bureau-annexe de la Seine, 8e, 9e, 17e et 18e arrondissements.
TOULON.....	4e et 8e régiments....	7e région (portion du Rhône) (2). 13e région (8 subdivisions). 14e région (8 subdivisions, portion du Rhône). 15e région (8 subdivisions) (6). 16e région (8 subdivisions).	
ALGER (3)...	»	»	

Tableau des circonscriptions de réserve des troupes coloniales (*suite*).

B. — ARTILLERIE DE MARINE (Régiments et compagnies d'ouvriers et d'artificiers de la marine).

PORTS DE GUERRE à rejoindre.	RÉGIMENTS D'ARTILLERIE DE MARINE ou fractions de régiments d'artillerie de la marine et compagnies d'ouvriers de la marine stationnés dans chaque port.	SUBDIVISIONS DE RÉGION ALIMENTANT LES DIFFÉRENTES PORTIONS des régiments d'artillerie de la marine et les compagnies d'ouvriers d'artillerie de la marine.	OBSERVATIONS.
CHER-BOURG (1).	Portion centrale du 2e régiment d'artillerie de la marine......... 1re compag. d'ouvriers d'artillerie de la marine.............	1re région (8 subdivisions). 2e région (8 subdivisions, portion de Seine (2), portion de Seine-et-O.). 3e région (8 subdivisions, portion de Seine (3), portion de Seine-et-O.). 4e région (portion de Seine-et-Oise). 5e région (Fontainebleau, Melun, Coulommiers, portion de Seine-et-O). 6e région (8 subdivions, portion de Seine (4). 10e région (Cherbourg, Granville, Saint-Lô).	(1) Les canonniers conducteurs réservistes sont dirigés, en cas de mobilisation ou d'appel pour une période d'exercices : ceux des 1re et 2e circonscriptions de réserve, sur la portion centrale du 2e régiment, à Cherbourg ; ceux des 3e, 4e et 5e circonscriptions, sur la portion centrale du 1er régiment, à Lorient. (2) 1er bureau annexe de la Seine, 10e, 19e et 20e arrondissements, canton de Saint-Denis, Saint-Ouen, Aubervilliers, Pantin et Noisy-le-Sec.
BREST (4)..	Portion du 2e rég. d'artillerie de la marine détachée à Brest.... 2e comp. d'ouvriers d'artillerie de la marine.	4e région (8 subdivisions). 5e région (portion de Seine) (5). 10e région (Guingamp, Saint-Brieuc, Rennes, Vitré, Saint-Malo). 11e région (Quimper, Brest).	(3) 2e bureau-annexe de la Seine, 1er, 7e, 15e et 16e arrondissements, cantons de Courbevoie, Puteaux, Asnières, Neuilly, Boulogne, Levallois-Perret et Clichy. (4) 6e bureau-annexe de la Seine, 8e, 9e, 17e et 18e arrondissements. (5) 4e bureau-annexe de la Seine, 2e,

LORIENT (1).	Portion centrale du 1er régiment d'artillerie de la marine...... / 3e compagnie d'ouvriers d'artillerie de la marine......	4e région (portion de Seine) (6). / 5e région (Sens, Auxerre, Montargis, Blois, Orléans). / 8e région (Cosne, Bourges, Nevers). / 9e région (Châteauroux, Le Blanc, Tours, Angers, Cholet). / 11e région (Nantes, Ancenis, La Roche-sur-Yon, Fontenay, Vannes, Lorient).
ROCHE-FORT (1).	Portion du 1er rég. d'artillerie de la marine détachée à Rochefort. / 4e comp. d'ouvriers d'artillerie de la marine.	9e région (Parthenay, Poitiers, Châtellerault). / 12e région (8 subdivisions). / 17e région (8 subdivisions). / 18e région (8 subdivisions).
TOULON (1).	Portion du 1er régiment d'artillerie de la marine détachée à Toulon.......... / 5e compagnie d'ouvriers d'artillerie de la marine......	7e région (8 subdivisions, portion du Rhône). / 8e région, Auxerre, Dijon, Chalon-sur-Saône, Mâcon, Autun). / 13e région (8 subdivisions). / 14e région (8 subdivisions, portion du Rhône). / 15e région (8 subdivisions) (7). / 16e région (8 subdivisions).
	Compagnie d'artificiers de la marine.......	Toutes les régions (8).
ALGER (6)..	»	»

3e, 11e et 12e arrondissements, cantons de Charenton, Nogent-sur-Marne, Saint-Maur, Vincennes et Montreuil.

(6) 3e bureau-annexe de la Seine, 4e, 5e, 6e, 13e et 14e arrondissements, cantons de Sceaux, Vanves, Villejuif et Ivry.

(7) Les disponibles et réservistes provenant de l'artillerie de la marine domiciliés en Algérie, en Tunisie et en Corse, sont affectés à l'armée de terre dès le temps de paix.

(8) En temps de paix, les réservistes provenant de ladite compagnie accomplissent leurs périodes d'instruction dans les batteries stationnées au port chef-lieu de la circonscription de réserve dans laquelle ils sont domiciliés ; il est fait exception pour les hommes de la circonscription de Toulon, qui, pour les exercices, rejoignent leurs corps d'affectation.

Certificat dit n° 5 *bis*.

Articles 208 et 334
de l'Instruction minis-
térielle
du 28 décembre 1895.

MODÈLE N° 55.

DÉPARTEMENT

d

CANTON

d

COMMUNE

d

CERTIFICAT D'UN (1)
INDISPENSABLE SOUTIEN DE SA FAMILLE.

(1) Réserviste *ou* hom-
me de l'armée territo-
riale.

(2) Nom du maire.

(3) Noms et prénoms
des trois témoins (*a*).

(4) L'armée active *ou*
l'armée active et de sa
réserve.

(5) Nom et prénoms
du réclamant.

Nous, soussigné (2)   , maire de la
commune d   assisté des sieurs (3)
pères de fils fai-
sant partie de (4)   , certifions, conjointement
et sous notre responsabilité personnelle, que le
sieur (5)   , soldat de la classe 189 ,
du canton d   , département d
est l'unique et indispensable soutien de sa famille
qui est composée comme il est dit ci-dessous, et
dont les ressources sont indiquées au tableau suivant :

NOMS ET PRÉNOMS de la femme et des enfants du réclamant et des ascendants dont il est le soutien.	DEGRÉ de parenté.	AGE.	SEXE.	PROFES-SION.	INFIRMITÉ ou autres causes qui l'empêchent de travailler.	OBSERVATIONS. On indique ici les circonstances particulières qui rendent le récla-mant indispensa-ble à sa famille.

Certifié véritable par nous, maire et témoins susnommés.

A   , le   189 .

(*Signature des témoins.*)   (*Signature du maire.*)

(*a*) NOTA. — Les trois signataires du certificat n° 5 *bis* doivent être pères de
famille résidant dans la commune et ayant un fils sous les drapeaux ou, à défaut,
dans la réserve de l'armée active, et jouissant de leurs droits civils et politiques.
Lorsque, à défaut de pères de famille ayant un fils sous les drapeaux, on doit avoir
recours au témoignage de pères de famille ayant un fils dans la réserve de l'armée
active, ces derniers doivent, autant que possible, être pères de fils appartenant
aux classes convoquées au courant de l'année.

Modèle d'une demande de dispense à titre de soutien de famille.

Le soldat réserviste LÉONARD *(Guillaume), cultivateur à Coutres (Loir-et-Cher), affecté au 31ᵉ régiment d'infanterie, classe 1889, à Monsieur le Général commandant la subdivision de région de* Blois.

Mon Général,

Faisant partie de la classe 1889 qui doit être appelée le 24 août prochain pour accomplir une période d'instruction de 28 jours, je prends la liberté de solliciter auprès de vous la faveur d'être dispensé de cette convocation.

Je suis l'unique soutien de mon père et de ma mère, vieux et incapables de travailler. J'ai de plus à ma charge une de mes sœurs, veuve depuis l'année dernière avec trois enfants en bas âge. Si j'étais obligé de partir pour faire une période d'exercices, ma famille se trouverait complètement privée de moyens d'existence.

J'espère, mon Général, que vous aurez la bonté de prendre en considération la situation difficile dans laquelle je me trouve et d'accueillir favorablement ma demande.

Ci-joint le relevé de contributions et l'avis de trois pères de famille prescrits par le règlement.

Daignez agréer, mon Général, l'assurance de mon profond respect.

LÉONARD.

(Inscrire ici son adresse, rue et numéro, si l'on habite dans une localité d'une certaine importance.)

Coutres, le 30 mai 1896.

Cette demande doit être remise par l'intéressé au Maire de sa commune.

Modèle d'une demande d'ajournement.

GUILLONNET (Charles), *boulanger à Dornes (Corrèze), soldat réserviste de la classe* 1889, *affecté au* 80° *régiment d'infanterie, à Monsieur le Général commandant la subdivision de région de* Tulle.

Mon Général,

Convoqué le 24 août prochain pour accomplir une période d'exercice de 28 jours, je viens vous prier de vouloir bien m'accorder un ajournement pour les motifs exposés ci-après :

Des entreprises assez importantes ayant eu lieu cette année dans la commune, je fournis de pain un certain nombre d'ouvriers, ce qui fait que j'ai plus de besogne qu'en temps ordinaire. J'ai du reste trois enfants dont l'aîné a 6 ans et le plus jeune 2 ans. Ma présence est donc très utile, en ce moment, dans ma famille. Aussi, j'espère, mon Général, que vous aurez la bonté d'accueillir favorablement ma demande et de me permettre d'accomplir ma période d'exercices dans le courant de l'année prochaine.

Je suis avec un profond respect, mon Général, votre très humble et très obéissant subordonné.

(Signature.)

(Inscrire ici son adresse, rue et numéro, si l'on habite dans une localité d'une certaine importance.)

Dornes, le 18 avril 1896.

Cette demande doit être remise par l'intéressé à la gendarmerie de sa résidence.

Modèle d'une demande de devancement d'appel.

———

Le brigadier réserviste CHAMPENOIS, *du 9ᵉ escadron du train des équipages militaires, classe* 1890, *domicilié à Levroux (Indre), à Monsieur le Général commandant la subdivision de région de* Châteauroux.

Mon Général,

Étant sur le point de traiter pour une charge d'officier ministériel dont je prendrai probablement possession au commencement de l'année prochaine, j'aurais le plus grand intérêt à accomplir cette année, par anticipation, la première période d'instruction pour laquelle je dois être appelé dans la réserve de l'armée active. Je viens en conséquence solliciter auprès de vous cette faveur qui, si elle m'était accordée, me permettrait de débuter dans ma nouvelle carrière sans redouter une interruption de nature à me causer un réel préjudice.

Dans l'espoir que vous voudrez bien, si aucune raison de service ne s'y oppose, accueillir favorablement ma demande, j'ai l'honneur d'être avec un profond respect, mon Général, votre très humble et très obéissant subordonné.

(Signature.)

(Inscrire ici son adresse, rue et numéro, si l'on habite dans une localité d'une certaine importance.)

Levroux, le 10 mars 1896.

Cette demande doit être remise par l'intéressé à la gendarmerie de sa résidence.

Modèle d'une demande de changement de destination.

Le nommé **PERROT** (Louis-Joseph), *soldat à la 8ᵉ section territoriale de commis et ouvriers militaires d'administration, classe 1880, domicilié à Nevers, à Monsieur le Général commandant la subdivision de région de* Nevers.

Mon Général,

Ayant reçu un ordre d'appel pour accomplir à Dijon, le 11 mai prochain, une période d'instruction de deux semaines au dépôt de la 8ᵉ section de commis et ouvriers militaires d'administration, j'ai l'honneur de solliciter de votre bienveillance l'autorisation de faire cette période au détachement d'ouvriers d'administration stationné à Nevers.

J'exploite à Nevers un petit commerce de mercerie, et, depuis que j'ai eu le malheur de perdre ma femme, je suis absolument seul pour m'occuper de mes affaires et pour donner des soins à ma mère, très âgée et à peu près infirme. Si j'étais forcé de quitter Nevers pour une quinzaine de jours, je me verrais dans la pénible nécessité de fermer ma maison et de placer ma vieille mère dans un hospice. J'ose espérer, mon Général, que vous apprécierez favorablement cette situation exceptionnelle, et que voudrez bien faire droit à ma demande.

J'ai l'honneur d'être votre très respectueux et reconnaissant subordonné.

PERROT,
Rue des Récollets, 85.

Nevers, le 2 avril 1896.

Cette demande doit être remise par l'intéressé à la gendarmerie de sa résidence.

NOTICE

SUR L'

ORGANISATION DU SERVICE VÉLOCIPÉDIQUE

DANS L'ARMÉE

Bases de l'organisation.

Les *vélocipédistes militaires* aux armées sont chargés avant tout d'assurer la transmission des ordres, comptes rendus et communications de toute nature. Ils peuvent encore être utilisés comme *agents de renseignements* et comme *éclaireurs* ou *partisans* à marche rapide.

Les vélocipédistes sont tirés des hommes de la réserve et de l'armée territoriale qui ont obtenu le *brevet d'aptitude* dans les conditions indiquées plus loin.

Pendant les *marches*, la principale mission des vélocipédistes est de relier entre eux les divers éléments de la colonne. Quand les corps quittent les routes, ils évitent d'engager à leur suite dans les champs les vélocipédistes; ceux-ci profitent des sentiers qui conduisent dans la même direction, pour se maintenir à portée de recevoir et de transmettre un ordre.

Pendant le *stationnement*, les vélocipédistes sont chargés de la correspondance entre les cantonnements.

Pendant le *combat*, ils servent principalement à relier les états-majors entre eux et à organiser les communications avec l'arrière. Le commandement est juge de l'opportunité de leur emploi comme éclaireurs ou partisans.

En temps de paix, un service vélocipédique de place est organisé dans les centres où les plantons à pied et à cheval peuvent être utilement remplacés par des bicyclistes. Ceux-ci sont pris parmi les hommes de la réserve de l'armée territoriale pourvus du brevet de vélocipédiste; ils sont convoqués par ordres d'appel échelonnés.

Effectifs.

En campagne, l'effectif des vélocipédistes est fixé comme il suit :

État-major d'un corps d'armée	8
— d'une division d'infanterie ou de cavalerie indépendante	4
— de l'artillerie d'un corps d'armée ou d'une division d'infanterie	2
— de l'artillerie d'une division de cavalerie indépendante	1
— du génie d'un corps d'armée	1
Service de l'intendance d'un corps d'armée ou d'une division d'infanterie	2
Service de santé	1
Service de l'intendance d'une division de cavalerie indépendante	1
Trésorerie et postes d'un corps d'armée	3
— d'une division d'infanterie ou de cavalerie	2
Section télégraphique de première ligne	2
État-major d'une brigade d'infanterie ou de cavalerie	2
Régiment d'infanterie	4
Bataillon de chasseurs	3
Compagnie du génie	1
Régiment de cavalerie	2
Commandant de l'artillerie de corps	2
État-major du parc d'artillerie	2
Ambulance d'un quartier général ou d'une division	1
Boulangerie de campagne	1

Pendant les manœuvres d'automne, le service vélocipédique est constitué sur les mêmes bases qu'en campagne.

Recrutement et affectation.

Les vélocipédistes sont désignés par les commandants de corps d'armée, au fur et à mesure des besoins, parmi les hommes ayant obtenu un brevet d'aptitude à la suite d'une *épreuve spéciale* subie devant une commission de trois membres : un capitaine et deux lieutenants ou sous-lieutenants. La commission est assistée d'un médecin militaire.

Les épreuves ont lieu en principe une fois par an ; toutefois, les commandants de corps d'armée peuvent en augmenter le nombre ou les supprimer, selon la situation des effectifs. Le déplacement des candidats ne leur donnant droit à aucune indemnité, on a intérêt à procéder aux épreuves pendant les périodes de convocation des réservistes et des territoriaux.

Peuvent prendre part à l'épreuve les hommes de l'armée active dans leur dernière année de service et les hommes de la réserve et de l'armée territoriale. Ceux qui sont sous les drapeaux adressent leur demande à leur chef de corps ; les autres l'adressent au commandant du bureau de recrutement de leur domicile ou de leur résidence.

Pour être admis à l'épreuve le candidat doit : 1º justifier devant la commission qu'il possède une instruction primaire élémentaire (lecture, écriture, calcul), et qu'il est en état de se servir utilement d'une carte routière ; 2º être reconnu, par le médecin adjoint à la commission, apte à l'emploi de vélocipédiste.

L'épreuve consiste en un parcours de 60 kilomètres en terrain moyennement accidenté. Ce parcours doit être accompli en moins de six heures, sur une bicyclette amenée par le candidat. La commission s'assure, en outre, que les candidats sont en état de démonter et de remonter les principales pièces de leur machine. Elle se fait présenter leur livret individuel, ainsi que les brevets ou diplômes qu'ils ont pu obtenir dans les concours ou auprès des diverses sociétés vélocipédiques.

La commission formule, par une note de 0 à 20 qui n'est pas communiquée aux candidats, son opinion sur la valeur de chacun d'eux, en tenant compte de ses diverses qualités (conduite, intelligence, instruction, connaissances mécaniques spéciales, vigueur physique, etc.), en même temps que de la rapidité du parcours d'épreuve, eu égard au type et au poids de la machine. Elle élimine les candidats insuffisants et dresse une liste de classement de ceux qu'elle reconnaît aptes. Le président de la commission remet immédiatement à chacun de ces derniers un *brevet de vélocipédiste*; il fait porter la mention « breveté vélocipédiste » sur le livret individuel.

Les brevetés vélocipédistes reçoivent ensuite une affectation suivant les besoins des états-majors, corps ou services; ils sont immatriculés dans leurs corps d'affectation, ou, pour ceux des états-majors ou services, dans les sections de secrétaires, de commis et ouvriers et d'infirmiers. Dans le cas où ces états-majors et services ne sont pas stationnés avec la portion principale desdites sections, les vélocipédistes qui leur sont attribués comptent dans ces sections, mais sont mobilisés par les soins d'un corps de la garnison.

Les *vélocipédistes gradés* conservent leur grade de caporal ou de sous-officier; toutefois, les sergents-majors ou maréchaux des logis chefs et les fourriers qui voudraient être affectés comme vélocipédistes doivent être remis sergents ou maréchaux des logis au moment de leur affectation. Les adjudants ne sont pas admis à se présenter comme vélocipédistes.

Habillement, équipement et armement.

L'*habillement* des vélocipédistes des états-majors, corps de troupes et services comporte les effets indiqués ci-après :

Manteau à capuchon de drap, du modèle des chasseurs alpins.

Vareuse-dolman, du modèle des chasseurs alpins, avec attribut général sur le collet (vélocipède). (Brassard de drap de la couleur du fond de la vareuse avec attribut spécial et numéro; boutons et insignes de grade du modèle général de l'infanterie.)

Jersey du modèle des chasseurs alpins.

Pantalon de drap garance du modèle de l'infanterie.

Ceinture de laine du modèle des chasseurs alpins.

Képi du modèle de l'infanterie.

Les vélocipédistes des bataillons de chasseurs conservent les boutons et les insignes de grade ainsi que le pantalon et la coiffure de leur corps.

Les vélocipédistes sont pourvus des effets de linge réglementaires, de deux paires de chaussures réglementaires du modèle dit « de repos », et d'une paire de jambières de toile imperméable. Ils ont en outre une cravate de rechange, et leurs deux chemises sont de flanelle de coton avec col.

L'*équipement* comprend : 1° l'étui-musette réglementaire ; 2° un sac à dépêches ; 3° la cartouchière du modèle de la cavalerie, maintenue par une courroie-ceinture ; 4° le petit bidon avec quart adhérent, du modèle de la cavalerie ; 5° le havre-sac du modèle réglementaire des troupes à pied. *Cet objet est porté sur les voitures.*

L'*armement* est constitué par une arme courte de 8 millimètres (carabine ou mousqueton) protégée par une gaine de cuir arrimée sur la machine. Les munitions comprennent dix-huit cartouches. Par exception et conformément aux dispositions de la convention de Genève, les vélocipédistes des sections d'infirmiers ne sont pas armés.

Les dispositions ci-dessus ralatives à l'habillement, à l'équipement et à l'armement ne s'appliquent qu'aux hommes définitivement affectés comme vélocipédistes et convoqués pour les manœuvres d'automne ou en cas de mobilisation. Dans tous les autres cas, les hommes employés comme vélocipédistes conservent la tenue de leur corps ; ils montent sans armes et, dans les troupes à cheval, ils font usage du pantalon sans basane et d'une chaussure d'homme à pied.

Matériel.

Le type de machine employé dans l'armée est une *bicyclette de route*, dont le modèle est déterminé par le Ministre, sur la proposition du service de l'artillerie, qui est également chargé de confectionner ce matériel.

L'État met, en temps de paix, à la disposition des corps de troupes un certain nombre de machines, les unes à titre gratuit, les autres à titre onéreux. Les premières sont montées par les hommes de l'armée active et utilisées pour le service général du corps; les autres sont réservées aux officiers, qui peuvent les prendre par abonnement mensuel. En cas de mobilisation, toutes les bicyclettes fournies par l'État sont employées à constituer le service vélocipédique et l'abonnement souscrit par les officiers cesse de plein droit.

Comme *mesure transitoire*, et en attendant que l'on dispose d'un nombre suffisant de bicyclettes réglementaires, les vélocipédistes sont tenus, pour les manœuvres d'automne et en cas de mobilisation (sauf ordre contraire de leur chef de corps) d'apporter une machine ainsi que les accessoires et pièces de rechange nécessaires. Aux manœuvres, ils ont droit à une indemnité journalière d'usure et d'entretien de 1 franc. En cas de mobilisation, leurs machines sont examinées et évaluées par une commission comprenant deux officiers et un chef armurier, puis réquisitionnées conformément au décret du 2 août 1877. En conséquence, le vélocipédiste ne reçoit en campagne aucune indemnité spéciale pour l'entretien et les réparations de la machine, qui sont à la charge de l'État. Quand il reprend possession de sa bicyclette, l'indemnité pour la dépréciation qu'elle a pu subir lui est payée en prenant pour base l'évaluation faite par la commission.

Les vélocipédistes convoqués pour le service de place sont tenus d'apporter une machine de route ou de demi-route, avec les accessoires et pièces de rechange nécessaires. A leur arrivée, cette machine est examinée comme il a été dit ci-dessus; si elle n'est pas jugée susceptible de faire un bon service, la convocation de l'homme comme vélocipédiste est annulée et il accomplit une période d'instruction à l'époque normale de l'appel de sa classe et dans les conditions ordinaires.

Administration, solde, réparations.

Les vélocipédistes convoqués pour le service des places de garnison reçoivent la solde de leur grade.

Aux manœuvres d'automne et en campagne, les vélocipédistes affectés aux états-majors et services ont droit à une indemnité journalière de 2 fr. 50, uniforme pour tous les grades et exclusive de toute autre allocation. Ceux des corps de troupes n'ont droit, en principe, qu'à la solde de leur grade et vivent à l'ordinaire; exceptionnellement et sur l'ordre du chef de corps, ils reçoivent l'indemnité de 2 fr. 50 mentionnée ci-dessus. Le chef de corps ou de service peut délivrer aux vélocipédistes un certain nombre de bons de réquisition pour une demi-journée de nourriture chez l'habitant.

Les vélocipédistes convoqués pour le service de place ont droit à une indemnité journalière de 60 centimes pour l'usure et l'entretien de leur machine. En outre, les grosses réparations provenant de cas de force majeure constatées par procès-verbal sont à la charge de l'État.

L'indemnité journalière d'usure et d'entretien est portée à 1 franc pour ceux qui sont convoqués avec leur machine aux manœuvres d'automne.

L'entretien et les réparations des bicyclettes réquisitionnées à la mobilisation, comme il a été dit plus haut, sont à la charge de l'État.

BIBLIOTHÈQUE NATIONALE — IMPRIMÉS

TABLE DES MATIÈRES

BIBLIOTHÈQUE NATIONALE — IMPRIMÉS

Pages.

Paris. — Imprimerie L. BAUDOIN, 2, rue Christine.

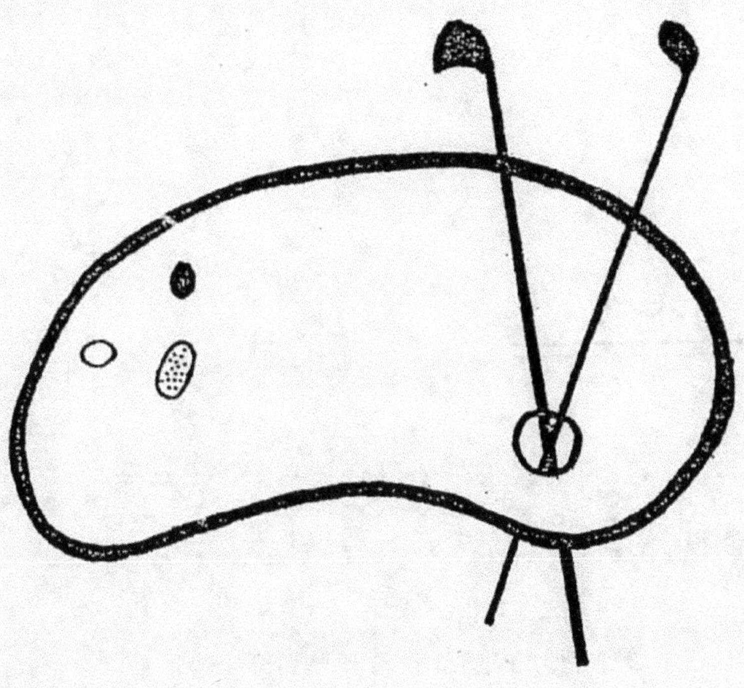

ORIGINAL EN COULEUR
NF Z 43-120-8

RED. :

15

MIRE ISO N° 1
NF Z 43-007
AFNOR
Cedex 7 - 92080 PARIS-LA-DÉFENSE

379.69.70
graphicom

0 1 2 3 4 5 6 7 8 9 10

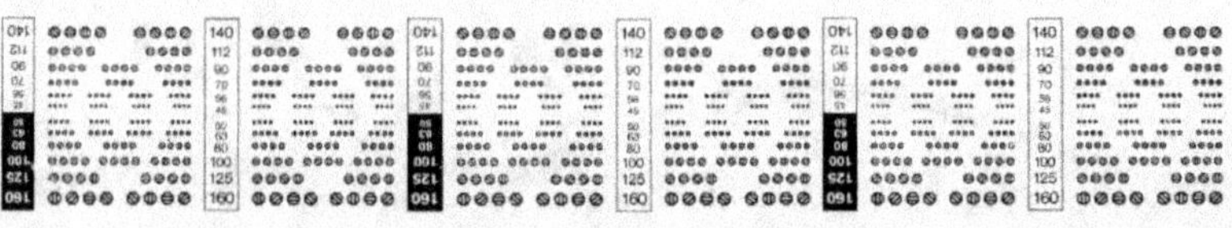

BIBLIOTHEQUE

NATIONALE

DE FRANCE

***

CHATEAU

DE

SABLE

1994

www.ingramcontent.com/pod-product-compliance
Lightning Source LLC
LaVergne TN
LVHW021743060726
842528LV00003B/772